SINDIÓS

Martín Caparrós (Buenos Aires, 1957) se licenció en Historia en París, vivió en Nueva York, Madrid y Barcelona, hizo –y sigue haciendo– periodismo en gráfica, radio y televisión, dirigió revistas de libros y revistas de cocina, tradujo a Voltaire, a Shakespeare y a Quevedo, recibió la beca Guggenheim, los premios Planeta y Herralde de novela, los premios Tiziano Terzani, Caballero Bonald y Roger Caillois de ensayo, y los premios Rey de España, Moors Cabot y Ortega y Gasset de periodismo. Ha publicado más de cuarenta libros en más de treinta países. Muchos de ellos están siendo reeditados en la Biblioteca Martín Caparrós, que Random House lanzó en 2020. Sus títulos más recientes son *La vida de José Hernández (contada por Martín Fierro)*, las seis novelas –«los tanguitos»– de Andrés Rivarola y *Antes que nada*, sus memorias.

MARTÍN CAPARRÓS

SINDIÓS

¿Para qué sirve creer en lo increíble?

EN DEBATE

Papel certificado por el Forest Stewardship Council®

MIXTO
Papel | Apoyando la
silvicultura responsable
FSC® C117695
FSC
www.fsc.org

Penguin
Random House
Grupo Editorial

Primera edición: junio de 2025

© 2025, Martín Caparrós
Casanovas & Lynch Literary Agency, S.L.U.
© 2025, Penguin Random House Grupo Editorial, S. A. U.
Travessera de Gràcia, 47-49. 08021 Barcelona

Diseño de la colección: PRHGE/Nora Grosse

Printed in Spain – Impreso en España

ISBN: 978-84-10433-73-1
Depósito legal: B-6.278-2025

Compuesto en La Nueva Edimac, S. L.
Impreso en Huertas Industrias Gráficas, S. A.
Fuenlabrada (Madrid)

C 433731

1. Perder el juicio

Voy a morirme pronto: unos años, me dicen estos señores, para no arriesgar cifras. Y esa proximidad me hizo volver a pensar la idea de un dios. Siempre fui tan bruto que solo pude entender la existencia de dioses por el miedo a la muerte, el terror de pensarla como el vacío absoluto, la nada en cuatro patas. Y muchas veces tuve alguna envidia de los creyentes que imaginaban que no iban a morirse sino, más amablemente, cambiar de forma y seguir viviendo con colores distintos, si acaso unas alitas o algún halo o su falo aferrado por huríes. Pero ahora, cuando me falta poco, entendí que quizá prefiera la opción nada: morirse ya debe ser lo suficientemente incómodo como para agregarle más molestias. Y debe ser desolador saber que uno desaparece, pero peor aún debe ser ese momento si pensás que, en instantes, vos –o tu alma o lo que sea que seas– vas a tener que rendir cuentas de tu vida ante un juez omnisciente e implacable que decidirá sobre tu vida eterna –eterna– y podrá condenarte a torturas horribles si cree que has hecho algo que se lo merece –y casi todo lo que uno hace lo merece. Todo eso sin las menores garantías procesales: el juicio de algún dios es un invento de la época en que los reyes y señores decidían sin límites, muy anterior a cualquier esbozo de justicia republicana. O sea que este juicio retoma aquel principio: palabra santa, lo que diga ese dios va a misa y el reo a donde él quiera mandarlo. Por eso la creencia en una vida después de la vida ya no me parece tan envidiable. Digo: si uno se pone nervioso cuando va a subir a un avión pensando en el agente de migraciones en Miami, cuál no será el espanto de tomarse ese transporte inmaterial que te pondrá frente a un Ser Todopoderoso que decidirá tu destino infinito sin la menor apelación posible. Y encima te dicen que el tal Ser es justo: así que vos, que sabés las cagadas que hiciste, te morirás temblando, sintiendo ya el olor de las primeras llamas.

En cambio yo, ateo sin remedio, me moriré mucho más tranquilo: dejaré, simplemente, de ser, sin enredarme en miedos y esperanzas, juicios y castigos, recompensas que suenan más aburridas que chupar un clavo.

O quizás –es una clara posibilidad– no entendí algo.

Voy a hacer otro intento.

I.

No hay más intentos, tonto.
De eso te quería hablar.

2. ¿Dios ha muerto?

Vivimos en una sociedad que a menudo se siente fracasada –democracias rotas, líderes estúpidos, futuros turbios, las famosas fake news o sea: mentiras. Y sin embargo nada parece una evidencia tan clara del fracaso como esa cifra confusa pero vergonzosa que dice que ocho o nueve de cada diez seres humanos siguen creyendo en la existencia de algún dios. Hace un siglo muchas personas suponían que a esta altura esa ficción ya habría quedado atrás, pero no: la enorme mayoría de nosotros sigue viviendo bajo el poder de algún Ser Superior.

(Y después nos sorprendemos de que le crean a Trump o a Musk o a Milei o a cualquier terraplanista antivacunas. Comparado con creerles a un dios y sus RR.PP., creerle a Meloni es casi escepticismo.)

La religión ha existido y existe. Y se diría que seguirá existiendo por un tiempo, aunque ésta sea una hipótesis como tantas. Pero no se puede negar que desde ella, sobre ella, incluso contra ella, se ha dicho tanto más que lo necesario.

¿Para qué sirve, ahora, escribir más sobre este asunto?

Seguramente, para nada.

Pero, si es por servir, orar y adorar sirve menos todavía –y millones lo siguen haciendo.

Y, al mismo tiempo, creo que las formas y funciones de «nuestras» religiones han cambiado lo suficiente como para que valga la pena revisarlas.

La religión me intrigaba –me intriga– pero siempre viví tan alejado de cualquier rito religioso. No tuve la menor instrucción en biblias y evangelios, no fui nunca a una misa o comunión o bar mitzvah, estuve en una sola boda –judía, del hermano menor de mi madre–, debo saber más sobre los dioses griegos retirados que sobre sus colegas semitas en activo: con los años me impresionó descubrir que he vivido tan apartado de una ideología que incluye a casi todos. Así entendí –sorprendido, casi preocupado– lo lejos que estaba de semejante mayoría: que lo que yo suponía que era el mundo –un gran arreo de ateos– era, en verdad, un rinconcito exótico. Que somos, como especie, un enorme rebaño de creyentes, vasallos de la mitología. Y que en cambio los sin dios somos monos albinos, pajaritos sin alas, bichos raros. Lo sé pero no lo sé: nunca dejo de olvidarlo cuando me descuido y recordarlo cuando siento el golpe. Sí, la Tierra está llena de magias, encantos, sortilegios. La inmensa mayoría de las personas cree en algún engendro sobrenatural: el aire que respiramos rebosa de santos y diosecitos y espíritus diversos. Son miles, son millones; si fuéramos democráticos diríamos que los dioses tienen todo el derecho de gobernar el mundo. (O por lo menos, casi tanto como las moscas, que dicen que son más.)

Y yo aquí, dejado de la mano de dios. Muchas veces, hasta que decidí morirme, pensé que me encantaría poder ser cristiano –o judío o musulmán o pincharrata–: creer en algo superior, algún ser o seres que le presten un orden a este caos, justificación al desconcierto y al azar, que me aseguren que todo esto tiene algún sentido y que, por eso, mis actos tendrán su recompensa –o incluso su castigo. Que me gustaría confiar en algo muy potente para pedirle protección cuando me asusto aunque después me cobre caro, como esa gente envidiable que puede pedirle cosas a un engendro todopoderoso, confiar en que Él lo solucionará, saber que si no lo soluciona por algo será porque, lo haga o no lo haga, tiene sus razones y tiene la razón.

Pero no hay manera: mi educación y mis convicciones ateas, racionales, materialistas me lo impiden, no me dejan dejar de pensar que todo eso son los cuentos que se inventaron los hombres para sobrellevar sus miedos. Y que después los poderes aprovecharon para someterlos: «Bienaventurados sean los pobres porque de ellos es el Reino de los Cielos» fue el instrumento de control más eficiente que la humanidad pudo haber ideado. Y no cojas ahora porque vas al infierno, y no robes al rico porque vas al infierno, y no ofendas al rey porque vas al infierno, y obedece al Señor y al señor cura y a tu padre porque ahí está el infierno. La religión, al fin y al cabo, es un abanico de amenazas –por la buena causa, que puede ser la mala consecuencia, y viceversa.

Porque, en ese sentido, la definición parece clara: ¿qué es una religión sino un conjunto de reglas y deberes –normalmente muy contraintuitivos– que las personas jamás cumplirían si no lo ordenara un poder muy superior? ¿Qué es sino el mejor aparato de coerción que se ha inventado? Coerción para el bien, te dirán: para impedir que los hombres den curso a sus instintos más salvajes, una manera de salvarlos de sí mismos. Cuando alguien argumenta el bien ajeno hay que mirar de cerca qué le pasa con el propio. Y, por otro lado, nadie que no desconfíe y desprecie mucho a las personas creerá que debe amenazarlas tanto para lograr que no sean del todo siniestras. La mayoría de las religiones postulan –implícitas, explícitas– que las personas que sus dioses crearon son un asco, que necesitan todo tipo de retos y escarmientos para no irse al carajo. Pero, aun así, respetan y obedecen a esos creadores fracasados.

(Un dios inteligente habría creado gente estupenda, extraordinaria, de la que no debiera ocuparse nunca más. Un dios inteligente habría decidido trabajar en serio esos cinco o seis días para después poder rascarse el higo a cuatro manos. Pero ese habría sido un dios realmente todopoderoso, uno muy seguro de sí mismo. Parece que los que nos tocaron no lo estaban: decidieron crear personas tan de mierda que no pudieran hacer nada sin su intervención constante. Por miedo a ser superfluos, se diría, se hicieron necesarios creando unos productos imperfectos para los cuales siempre hay que llamar al técnico. Y, para colmo, la obsolescencia programada.)

Esos dioses, artesanos mediocres, vivieron tranquilos durante muchos siglos: el nivel de exigencia, parece, estaba a su altura. Hace tres, el compañero Voltaire se convirtió en el mascarón de proa de esos caballeros occidentales que se llamaban a sí mismos filósofos y proponían la duda y empezaban a rebelarse contra la obligación omnipresente de creer. Durante décadas Voltaire firmó sus cartas «Écrasez l'infâme», Aplastad al infame, siendo el infame la iglesia de Roma. En esos días parecía un disparate pero unas décadas más tarde una de las revoluciones más ambiciosas de la historia, la Francesa, no solo decapitó a sus reyes sino que decretó el fin del poder religioso: disolvió sus órdenes, confiscó sus tierras, prohibió sus símbolos, ejecutó a sus sacerdotes y, por fin, instituyó una suerte de «religión civil», conjunto de ideas morales y ciudadanas que se sintetizaba en el Culto de la Diosa Razón. Aquella revolución, confusa, violenta, se atrevió incluso a algo que ninguna otra intentaría: decidió cambiar el calendario y eliminar esas semanas de siete días que había antes y habría después porque son los que, según los libros judeocristianos, tardó su dios en construir el mundo: «Y al séptimo día descansó», dice la Biblia, y de allí vienen los domingos, los sábados, los viernes.

Aquel intento de reescribir el calendario –audaz, extraordinario– fracasó, pero durante todo el siglo XIX y buena parte del XX muchos millones imaginaron que los dioses estaban condenados. Lo decían incluso quienes lo lamentaban o, al menos, lo temían. Friedrich Nietszche, por ejemplo: «Dios ha muerto. Dios sigue muerto. Y nosotros lo hemos matado. ¿Cómo podríamos reconfortarnos, los asesinos de todos los asesinos? El más santo y el más poderoso que el mundo ha poseído se ha desangrado bajo nuestros cuchillos: ¿quién limpiará esta sangre de nosotros? ¿Qué agua nos limpiará? ¿Qué rito expiatorio, qué juegos sagrados deberíamos inventar? ¿No es la grandeza de este hecho demasiado grande para nosotros».

(Hace un siglo, hacia 1920, tantos imaginaron que los dioses se morían. Sobre todo el dios de los cristianos: la Gran Guerra había acabado con varios monarcas que lo defendían, la revolución soviética había convertido su reino más poblado en un estado ateo, la religión era el opio de los pueblos y muchos pueblos querían dejar el opio. Y, más allá de esas derrotas, millones se habían apartado de un dizque padre que permitía tales carnicerías: en todo el mundo occidental multitudes abandonaban la superstición. Fue una ilusión: cien años después, los dioses están más vivos que nunca. O, por lo menos, tan vivos como siempre. Aunque, por supuesto, con algunos cambios. No hay nada tan mutante como lo que debe hacerse eterno.)

Sin embargo, siempre se dijo que las muertes de dios eran un espejismo de ciertas clases medias urbanas educadas. Que las clases altas, en general, seguían creyendo o simulándolo porque la conservación del poder de esa religión estaba muy ligado a la conservación de su propio poder. Y que la mayoría del mundo –campesinos más o menos pobres, más o menos brutos– seguía emperrada en sus creencias. Es posible que la muerte de dios haya sido una ilusión; muchas culturas dominantes consiguieron creerla y, a lo largo de esos años dios –como forma de decir «los dioses»– siguió muriendo. En 1970, digamos, un buen tercio de la humanidad vivía en países oficialmente ateos y en los países más religiosos de Europa, Asia y América la prédica racionalista, los movimientos juveniles, los grupos revolucionarios y demás antidioses daban la sensación de que las religiones estaban condenadas. Sin embargo ahora, medio siglo después, se mantienen y crecen. Para uno como yo, formado en los aires de aquel tiempo, esta resurrección es puro asombro.

Me gustaría entenderla.

(Y, provisoriamente, se me escurre una hipótesis: era una época donde muchos creían que podían construir un futuro que valía la pena. Ese futuro –esas sociedades futuras– no precisaba dioses o, incluso, necesitaba excluirlos porque su existencia, su carga de oscuridad, de sumisión y de poder eran lo contrario de lo que ese futuro debía ser. Ahora, arruinada esa idea de futuro, muchos han vuelto a lo malo conocido, a ese otro futuro inverosímil que los dioses ofrecen.)

II.

Se asustaron y bien
que se asustaron. ¿Qué hacen
los dioses asustados?
Intentan ser más dioses, más
altivos que nunca, más
feroces que nunca, más
atroces que nunca y lo
lograron: para no parecer
que se morían, mataron
como nunca, hundieron
como nunca, arrasaron
como nunca, le dieron
a la palabra nunca
su sentido final,
definitivo, su sentido
de siempre
para siempre:
un disparo en la nuca.

3. La creación de los dioses

Las religiones, esos dioses, son uno de los rasgos centrales de nuestras culturas: nos parece razonable que cada cual tenga la suya y quizá lo sea, y quizá no. Dijeron que si la religión no existiera habría que inventarla. No pensaron que lo decían porque otros ya la habían inventado. Ahora nos parece que sí –estamos tan acostumbrados– pero la religión no va de suyo: podría perfectamente no existir.

Hay un experimento sobre la necesidad de las religiones que alguna vez se podrá hacer, pero todavía no estamos preparados. La pregunta será simple: ¿habrá otras culturas, en planetas lejanos, que tengan dioses? ¿Serán los dioses la norma o la excepción? Sería gracioso comprobar que, así como durante unos milenios imaginamos que nuestra Tierra era la única gran creación de ese «Señor», resultase que lo que sí es único –la gran creación de nosotros terrícolas– es ese «Señor». Y sería maravilloso que ninguna otra cultura del ancho espacio celestial se hubiera inventado dioses: en ese caso los nuestros serían los únicos que hay, los verdaderos amos del universo –aunque no existan.

La religión –la noción de religión– podría no existir. Le sucede lo mismo que a las urracas, a la televisión color, al azúcar, al fútbol masculino, a los reyes, al cunilingus, al canto gregoriano, al puré de manzana y a casi todo el resto. (La pregunta a veces me entretiene, a veces me perturba: ¿qué no podría no existir?)

Pero una vez que apareció la idea, inventar religiones es un juego de niños: te tomo esta estrella por aquí, este rito de allá, estas historias. (Llamemos idea religiosa a la noción de que hay poderes sobrenaturales, ocultos, que rigen aquello que no sabemos explicar. Primero puede haber sido un rayo o un árbol demasiado grande; después el cuadro se va complicando, pero siempre sobre la misma idea: que lo que vemos y tocamos y sentimos es la epidermis de una realidad mucho más profunda, que solo podemos entrever, suponer, equivocarnos, y que debemos respetar u obedecer porque su poder es mucho mayor que el nuestro y podría castigar terriblemente cualquier desatención o rebeldía o, incluso, un error empedrado de buenas intenciones. Ese es el centro de la idea religiosa: que somos seres inferiores a unos seres indudable y confusamente superiores, y que les debemos la pleitesía que les debemos.)

La idea religiosa está por todas partes, pero no es fatal. Los hombres podrían haber vivido sin imaginar que había dioses. Podrían haber supuesto que las cosas sucedían por las interacciones entre las personas o porque todo estaba escrito desde siempre o porque el azar rige y contra él no hay quien la pueda o por cualquier otra razón, pero no porque un dios o unos dioses lo quisieran. Es difícil, en un mundo que lleva diez mil años religioso, suponer uno que no lo hubiera sido, pero es perfectamente imaginable: nuestras sociedades están llenas de ideas que podrían no haber existido, que nos parecen inevitables y sin embargo la humanidad vivió mucho tiempo sin ellas: los países, por ejemplo, el dinero, el gol de tiro libre. La religión es más antigua, pero podría perfectamente no haber aparecido nunca –o nunca todavía. ¿Cómo sería, cómo habría sido un mundo sin religiones?

Vale la pena tratar de imaginarlo.

Es difícil tratar de imaginarlo.

Lo vamos a intentar, más adelante.

Se supone que las primeras creencias se inventaron hace unos 60.000 o 70.000 años. El mayor argumento para esa datación es que antes de eso no había lenguajes, y no se puede creer si no hay un lenguaje: creer es organizar un relato y entregarse, vivir dentro de él. Seguimos sin noticias de los dioses gorilas.

A veces me intriga cómo serían aquellos hombres anteriores, hombres sin creencia. El problema es ese: pensarlos, desde una historia rica en creencias, como personas sin ellas. El error es imaginarlos como gentes que rechazan creer. No lo son: son seres pre-creencias, personas que todavía no han imaginado que hay entes superiores que los rigen. Personas que no rechazan el pensamiento religioso: que, más simplemente, no construyeron esa idea, no imaginan la opción de tenerla. Que quizá no se interesan por la causa de las cosas sino, si acaso, por su realidad, sus posibilidades de repetición. Que, parece, no tienen siquiera los instrumentos mentales necesarios como para preguntarse por la causa de las cosas –y, mucho menos, tratar de influir en ellas.

Te dicen que es cosa del neocórtex. El neocórtex es una capa finísima –dos a cuatro milímetros– que envuelve casi todo el cerebro y que es, parece, responsable de nuestras acciones más humanas: pensar, hablar, escuchar, recordar, esas cositas. La astucia del homo sapiens consistió en desarrollar su neocórtex más que nadie –en triplicar su tamaño– y así llegó, hace unos 500.000 años, a tener un 50% más neocórtex que un chimpancé y quedarse con el pastel –o el mundo.

Esas funciones del neocórtex son indispensables para hacerse con una religión: condición necesaria pero no suficiente. Aquellos hombres se pasaron cientos de miles de años sin caer en esa tentación: supongo que no se les había ocurrido analizar lo que vivían, solo vivirlo. Imagino a los primeros hinchapelotas que sí buscaban alguna explicación: devanándose los sesos perezosos para tratar de entender por qué llovía, por qué a veces cazaban ese mamut y tantas no, por qué esa mujer se había preñado, por qué solo se despertaban los que se dormían, tantos porqués que los aturullaban. Y a los primeros que dieron uno de aquellos grandes saltos –como vivir en banda, como domesticar el fuego, como plantar y cosechar–: cuando se les cruzó la idea increíble, la idea genial de que si todo aquello sucedía era porque había seres –muy diferentes seres, confusos, ignorados, indescriptibles seres, un animal, un árbol, una nube, un olor fuerte, un remolino– que lo deseaban y causaban. Y que les convenía llevarse bien con esos seres para tratar de convencerlos de que lo hicieran más o, por lo menos, que no los atacaran.

Inventaban los dioses, su poder, las religiones.

Un estudioso inglés, Lewis Wolpert, dice que la fabricación de las primeras herramientas complejas –como un hacha con mango– fue decisiva en la aparición de aquellos cultos. Conjeturar y fabricar desde la nada una herramienta requiere una imaginación, una pre-visión indispensables para conjeturar y fabricar desde la nada un dios o, por lo menos, un espíritu.

Pero, aún con hachas o martillos, el salto necesario para imaginar a esos seres es extraordinario: supone la consolidación de cerebros que puedan suponerlos, la convicción de que el mundo es demasiado complicado e impredecible y alguien tiene que regirlo, la constitución de grupos o tribus que puedan pensarlos juntos, la creación de poderes y jefaturas que los nuevos dioses puedan reproducir, el dominio de un lenguaje que pueda describirlos y, con el tiempo, la habilidad y posibilidad de hacerles homenajes, demandas, sacrificios.

El resultado, sin embargo, debió valer la pena. Era un alivio extraordinario: para tratar de remediar lo malo y promover lo bueno, alcanzaba con seducir a esos seres, darles cosas, demostrarles respeto. Es difícil imaginar la sensación de poder que esos hombres y mujeres lograrían. Hablemos de progreso: cantidad de problemas que antaño no tenían soluciones ahora sí; aquellos hombres y mujeres habían descubierto la forma de encararlos y se sentían potentes y pequeños. Sentían, supongo, las ventajas de la sumisión: alguien más poderoso se hace cargo. Seguramente las soluciones solucionaban cada tanto: supongamos que de diez veces que le pedían al Espíritu de la Lluvia –esa piedra que parecía chorreada– que lo hiciera, tres veces llovía; ya eran tres veces más que antes, cuando no sabían qué hacer para lograrlo. (Una forma increíble, maravillosa del progreso que, después, retrasaría tantos otros progresos: sucede con frecuencia.)

Había herramientas nuevas. Los imagino imaginándolas, preguntándose cuáles: ¿qué hicimos mal aquella vez que no llovió, qué hicimos bien aquella vez que sí? ¿Una canción, una comida, un ayuno, el sacrificio de un lobo o de un bebé? ¿Mejor quemado, degollado, arrojado a las aguas, enterrado vivo? ¿Cómo habrán hecho esos primeros para suponer el set de acciones que podían complacer a esos seres ignotos? ¿O simplemente habrán intentado lo que podían o los beneficiaba?

(Ya más adelante, los griegos por ejemplo decidieron que los dioses preferían de la vaca el olor y la grasa y entonces, sus sacrificios y hecatombes eran grandes asados donde ellos se comían la carne y les dejaban a Hera, Hermes y Zeus el humo, el olorcito. Los hombres crearon dioses para ver, entre otras cosas, cómo podían engañarlos. Esa sí que fue una lucha épica y, para muchos, sigue siéndolo.)

La evolución del famoso neocórtex les permitió, también, entender que se morían y que había que hacer algo al respecto. Para empezar, enterrar o encuevar a sus muertos; para seguir, conseguirles algún destino sustituto. Los dioses, espíritus, geniecillos varios debían saber algo de eso.

III.

¿Quién sabe que no sabe
lo que no sabe nadie? ¿Quién
cuando todos ignoran él ignora
de otra manera, sin creer
en eso que no sabe? ¿Quién
sabe no ser presa
de la certeza de sus ignorancias?

4. Uno, grande y libre

No hay mejor maestra: la religión sirvió para que aquellas bandas aprendieran el miedo a los poderes. Ya los había, pero no tan extremos ni tan protegidos: un grupo descontento siempre podía matar al jefe de un bruto golpe en la nariz; despenar al espíritu del río era más complicado. Y si era el espíritu del río el que respaldaba –el que había «ungido»– a ese jefe, actuar sobre el hombre era actuar sobre un ser superior: un riesgo horrible. O, incluso, el jefe podía ser el «sacerdote» de ese ser, el que sabía comunicarse con él y gozaba de su predilección y protección, el intermediario entre él y los comunes: matarlo o repudiarlo era romper cualquier diálogo y ofender al ser o seres. Era más fácil, preferible, obedecer al jefe y, por su intermedio, al dios correspondiente.

Así que cualquier jefe que se viera amenazado intentaba mostrar que los dioses lo respaldaban; en general, podía hacerlo porque tenía alguna forma de control –riquezas, sangres, intereses comunes– sobre los sacerdotes, que confirmaban que los dioses estaban de su lado. Se había formado una pareja poderosa, que duraría milenios: dioses y reinos, sacerdotes y reyes.

Tanto tiempo después es imposible saber quién lo creó, dónde, con qué grado de deliberación. ¿Cómo consiguieron que semejante amenaza se instalase en las conciencias de la mayoría? ¿Nos aferramos a las hipótesis conspirativas y suponemos que fueron esos primeros jefes los que inventaron estas figuras de poder para consolidar, con ese ejemplo, el suyo? ¿O suponemos más bien que todo fue un azar, que la figura de esos entes superiores fue emergiendo por la necesidad de explicar lo inexplicable y que solo una vez establecida los jefes empezaron a entender que les servía, cómo les servía, cuánto les servía?

La religión sirvió, sobre todo, para que esas bandas primitivas crearan un lazo potente entre sus integrantes: en su relato su lazo era perenne porque no era uno que ellos hubieran decidido; era la decisión de un ser superior que los había creado para que estuvieran juntos, para que formaran una comunidad definida, precisamente, por el hecho de que eran las criaturas de ese dios.

(La religión es la forma más extrema de autoafirmación: cada grupo de creyentes cree, piensa, sabe que la suya es la única religión verdadera y que las demás dicen tonterías, engañan o son engañadas –incluso por un falso dios, una noción compleja, pleonasmo o paradoja. Por eso, cada tanto, los verdaderos creyentes emprenden la noble tarea de destruirlas y salvar al mundo de sus mentiras. Es un servicio a la humanidad: los falsarios ya no embaucarán a nadie más. Y, ya que están, a menudo su celo religioso les permite extender su dominio sobre regiones nuevas. No hay nada más territorial que una religión: son, está probado, peores que los gatos.)

El mecanismo era demasiado útil como para no asentarse y difundirse. La religión de un grupo cohesionaba a ese grupo –¿quiénes somos? Somos los que creemos en los mismos dioses y para complacerlos nos cuidamos y nos ayudamos–, le daba un orden social claro y respetado –¿cómo vivimos? Vivimos como los dioses decidieron–, y apuntalaba el poder de sus jefes –¿quién nos manda? El que los dioses quieren. Sus efectos eran inmejorables para quien tuviera poder en una sociedad, grande o pequeña.

¿Cómo consiguieron, en cualquier caso, aquellos pioneros que los otros miembros de la banda les creyeran? ¿Qué tipo de confirmación pudieron ofrecer, cómo lo hicieron? ¿Cuántos intentos –¿cuántas «falsas religiones»?– fracasaron hasta llegar a una verdadera y seria y ese día cazamos tanto más y no se murió nadie?

Nunca sabremos del todo cómo fue el proceso; conocemos, sí, por experiencia, el resultado.

La palabra *sindiós* es bastante extraordinaria. No se usa mucho, y sospecho que cada vez menos; suena a abuela. Pero existe y, en algunos lugares, incluso se entiende: un sindiós es una situación de caos y desorden, un revoltijo de cosas desmadradas. En síntesis: donde no hay un dios que ponga orden.

Porque lo que está claro es que para eso son, para eso están: para poner orden en los dos sentidos posibles de la expresión. «Poner orden»: es duro vivir en un mundo hecho de eventos inexplicables, donde nada parece tener un sentido lógico. ¿Por qué una nena de ocho años se ahoga en un pozo? ¿Por qué una bruta tormenta se carga los cultivos de todos esos campesinos, los buenos y los malos? ¿Por qué tal rey es tan fastidioso y nos corta demasiado la cabeza? –y así de seguido. El terrible sinsentido del mundo –los males injustificables que cada vida sufre– se aminoraba si aquellos hombres y mujeres podían pensar que lo que sucedía era decisión de un dios o una diosa o una asamblea de dioses, que por algo lo harían, que todo lo que pasaba obedecía a una voluntad. Para eso era importante que sus decisiones no fueran fácilmente comprensibles, no estuvieran al alcance de «cualquier mortal»: el capricho divino como causa primera.

El capricho, lo inesperado, eran lógicos en el politeísmo, esa forma original de creer en dioses: las relaciones entre los dioses eran caóticas en sí, uno podía decidir equis y otra menos equis, y su función de dispensadores de un orden tranquilizador se resentía. Esos dioses variados podían servir para «explicar» lo que pasaba –Hefesto se peleó con Poseidón y entonces Poseidón lanzó una tempestad que tal y cual– pero no para garantizar un orden tranquilizador. Era, casi, lo contrario: esas peleas entre dioses creaban el desorden, su manera del orden.

De ahí el gran invento que fue el monoteísmo: tener un solo dios permitía creer que todo lo que pasaba era coherente, ya que efectos de una misma causa. Fue un golpe de genio –que, según Freud, debemos a Moisés, quienquiera fuese– y fue lo que facilitó la segunda función de esos dioses: de nuevo, «poner orden».

Poner orden en el sentido más terreno: imponer un orden. Si el dios servía para que los azares del mundo se ordenaran, había que respetar el orden que proponía para que no volvieran a desordenarse. Así, la casta sacerdotal cobró un poder enorme: ellos eran los únicos que sabían y podían interpretar las voluntades de su dios, y por lo tanto hacérselas cumplir a los ignaros. Ellos decían, entonces, lo que estaba bien y lo que mal, lo que se podía hacer y lo que no, ellos imponían un orden que se extendía a las relaciones políticas, amorosas, sexuales, laborales, comerciales, culturales: gracias a ellos y a Él, multitudes aceptaron –reclamaron– el poder de unos pocos. El orden religioso fue la principal herramienta de dominio durante muchos siglos. Ahora menos, pero no tanto menos.

IV.

Él se pasó la noche y toda
el alba al pie del roble
cantándole canciones: ese árbol
lo cuidaría
de las garras y garfios de las fieras. Ella
lo miraba en silencio, desde lejos,
tejiendo con sus dedos y unas fibras
esa bola que brillaba de colores.
Esa tarde él volvió
con las tripas colgándole del vientre,
desgarrado,
afuera todo lo interior,
sangrando
a borbotones: él sabía
y se acostó a morir. Ella,
despacio,
se le acercó y posó
la bola entre sus ojos. Él
los cerró, les dijo
que ahora sí podía morir
tranquilo. Muchos
gritaron y ella suspiró, cerró
los ojos: ahora sí
podía vivir tranquila.

5. La lucha por la supervivencia

Al principio las religiones eran legión: cada pequeño grupo tenía la suya. Muchas se parecían en sus relatos, personajes, rituales y demandas pero cada una mantenía su individualidad. Este pueblito tenía unos dioses y una cosmogonía y aquel, diez kilómetros más allá, tenía otros y el siguiente otros. Y, dicen, no siempre se peleaban: muchas comunidades entendían que las otras tuvieran dioses propios. Hace cinco o seis mil años habría en el mundo más religiones que especies de mariposas: quizás alrededor de 20.000. No se sabe, es especulación: bandadas de dioses, en cualquier caso, se extinguieron más rápido que los mamuts, dejaron menos huesos.

Durante siglos, las religiones fueron como las crías de las tortugas, que rompen sus huevos en la playa y deben correr desesperadas hacia el agua para evitar los ataques de los pájaros que tratan de comérselas: la mayoría no llega, muere en las orillas. Los pájaros, en este caso, fueron las grandes religiones de estado, que se cargaron una por una a sus competidoras; así, el poder religioso se fue concentrando en unas pocas. Ese proceso que ahora nos suena tan actual cuando lo vemos aplicado a la fabricación de computadores o de ropa lleva miles de años creando, entre las religiones, la mayor de las desigualdades. Tremenda la cantidad de dioses y diosas, héroes, monstruos, historias prodigiosas que fueron apagándose, perdiendo sus figuras, sus palabras: solo un mundo riquísimo en fábulas pudo permitirse perder tal cantidad de personajes y relatos. (Y sorprende que todos esos que se duelen hasta las lágrimas por la desaparición de 237 especies de cotorras no reclamen por el teocidio despiadado de estos últimos milenios: masacre cruel, símbolos descacharrados por doquier, animales que se extinguen sin remedio, dioses fantasmitas.)

Ahora, el número aceptado de religiones ronda las cuatro mil. Pero, salvo quince de ellas, ninguna pasa de cien mil creyentes. ¿Cómo se sentirá un dios en el que creen muy pocos? ¿Poseedor de un secreto extraordinario o el último orejón del tarro más divino? ¿Cómo se sentirán sus fieles? ¿Privilegiados, exclusivos, excluyentes o parias solitarios? Las religiones fueron, muy temprano, un campo de desigualdad y concentración de la riqueza. Cuatro monopolizan tres cuartos de la población mundial: el cristianismo con un 31% de los seres, el islam con un 24%, el hinduismo con un 15% y el budismo con un 7%, poco más o menos.

(Es cierto que el hinduismo y el budismo dicen muy serios que no son religiones –y yo no soy un escritor sino un repartidor de letras de computadora, un dibujante de rayas retorcidas.)

Si los dioses son realmente como los influencers –esos pastores de las redes sociales que se miden por el tamaño de sus rebaños– ahora deben estar felices: jamás, en sus cinco o seis mil años de vida, tuvieron tantos seguidores. Nunca hubo tal cantidad de creyentes: entre esas cuatro religiones mayores reúnen más de 6.000 millones de humanos: mil veces más que la población total de la Tierra cuando sus dioses empezaron. Todo se multiplicó en ese lapso: nada tanto como los creyentes. Si a eso se le suman otros 800 millones de personas que practican dos o tres docenas de religiones menos exitosas, resulta que más de 6.800 millones de individuos siguen creyendo en algún dios: casi nueve de cada diez personas en el mundo. Es cierto que las cifras de la creencia siempre son aproximadas: muchos dicen que creen lo que no creen, muchos dicen que creen cuando solo temen o recuerdan, unos pocos dicen que no creen por vergüenza. Pero son magnitudes: al fin y al cabo funcionan como indicadores, órdenes de grandeza y pequeñez.

El buen whisky, al principio, fue escocés; el acero bruñido, alemán; los mejores insultos, argentinos; la perspectiva dicen que toscana; las religiones que triunfaron son las de aquellos peladales. Sorprende esa concentración en el origen: los dos grandes cultos globales, el cristianismo y el islam –más de la mitad de la humanidad–, surgieron en los páramos del Oriente Próximo y se parecen mucho. Y ambas descienden de la madre de todos los borregos monoteístas, el judaísmo, que, pese a su peso cultural, solo atrae al 0,2% de los hombres y mujeres del mundo. Es otro gran ejemplo de traición al padre: sus dos grandes hijos tratando de matar a ese progenitor, un dogma que incluye entre sus momentos estelares a un hombre a punto de cumplir la orden de su dios de matar a su retoño.

Pero ese progenitor desdeñado fue el culpable de esa idea que ahora nos parece obvia y fue, durante miles de años, impensable: que hubiera un solo dios en lugar de una corte de figuras diversas. La idea se impuso en tiempos en que los jefes o reyes o faraones o emperadores también eran uno solo: los dioses siempre debieron mantener cierta semejanza con la sociedad de sus adoradores.

Y, decíamos, en términos de relato era mucho mejor: lo que les sucedía a las personas ya no era el resultado de los enfrentamientos y negociaciones entre dos o más sino el efecto de las decisiones de uno solo. Así, el efecto de orden se multiplicó al infinito: ya no había interacciones sino solo disposiciones del mejor, el más sabio, el más poderoso.

El problema del monoteísmo es la exclusión de todos los demás: hay que justificarla. Si el verdadero Dios es uno solo, ¿cómo entender que sea el nuestro, que solo nosotros lo sepamos y gocemos? Para explicarlo, Moisés y los suyos se inventaron esa noción del «pueblo elegido», que tantos problemas les traería. Ese único Dios había decidido elegir a un único pueblo, el judío, para trabar con él una alianza especial. No había ninguna chance de que eso les cayera bien a los demás: a los pueblos no-elegidos, desdeñados. La acusación de soberbia –o de falsificación– estaba servida, pero aquellos hebreos crearon un modelo: estas grandes religiones monoteístas que necesitaban descalificar y combatir a todas las demás.

El monoteísmo triunfó sin las dudas, y sus dos grandes ejemplos –hoy, las dos religiones más numerosas– habían nacido y se desarrollaron muy cercanas hace quince, veinte siglos: seguimos viviendo en un invento de los tiempos en que la Tierra era plana y estaba en el centro del universo y no había electricidad y una infección vulgar mataba sin remedio y las personas vivían, de media, treinta años. Si uno acepta que las ideologías son, en principio, producto de su tiempo, que una nacida en condiciones tan radicalmente diferentes siga viva es, si cabe la palabra, un gran milagro.

(O, si no, deberíamos aceptar que no somos tan distintos de aquellos hombres y mujeres que creían que la Tierra era plana y estaba en el centro del universo y vivían sin electricidad y una infección vulgar los mataba sin remedio y duraban, de media, treinta años.)

Sabemos que las dos empezaron desde abajo y que, en un primer momento, fueron reprimidas: la fuga de Mahoma, la cruz de Jesús y los mártires cristianos. El primer momento del islam duró menos de un siglo; el del cristianismo, casi tres. Pero ambas triunfaron cuando se convirtieron en religión de estado, escudo y lanza de los reinos que las adoptaron. Monarcas astutos entendieron la fuerza política del monoteísmo y, entre monos, se quisieron y se ayudaron los unos a los otros.

Y ahora las dos controlan o dicen controlar a la mitad de los seres humanos. Por decirlo de una forma esquemática: hubo miles y miles de años sin dioses, después hubo quizá diez o veinte mil de multitud de dioses con templos, sacerdotes, yo lo tengo más grande y otras peleas de barrio, y al fin pasaron dos mil años de dos dioses únicos hiperconcentrados, CEOs rodeados de gerentes diligentes, duopolio teológico. ¿Y después?

V.

A menudo temía confundirlos:
había nacido en uno, vivía
con el otro, eran los saltos
de la vida. Pero
no se quejaba; sí sufría
ese miedo de decir amén
donde inshallah, Jesús
donde Mahoma. Su marido
se lo había dicho tantas veces: él
la quería y quería a sus hijos y quería
incluso sus ojos claros de cristiana
del Norte pero no podía
tolerar que los equivocara: equivocarlos
era decir que eran lo mismo, era
quitarles su sentido a tantas vidas, tantas
muertes heroicas. Si volvía
a hacerlo, con todo ese dolor,
el gran dolor de su alma,
tendría que matarla
y no quería.
No sabes lo que duele,
esposa mía,
–le susurró una noche, justo antes–
matar a una que no querrías, una
que quieres con el alma.

6. Cristo Rey

Hubo, en la historia del cristianismo, un momento decisivo: la secta cada vez menos judía ya tenía, hacia el año 300, cantidad de seguidores en todo el Mediterráneo Oriental, Italia, África del Norte. Pero su ilusión se basaba en una promesa que algún astuto dio en llamar «Apocalipsis»: el fin del mundo estaba cerca y, tras esa rave final hecha de rayos, demonios y animales, los justos –los creyentes– renacerían en la Ciudad de Dios y vivirían para siempre junto a Él. El cristianismo era la esperanza de los desesperanzados: la promesa de que ese mundo de mierda, donde tantos vivían vidas insoportables, iba a estallar y terminarse para siempre. El voto bronca no se inventó ayer.

Pero la fin del mundo no llegaba: ya una decena de generaciones había esperado verla en vida y había muerto de sus propias muertes. Y, al mismo tiempo, el crecimiento de esa esperanza vengativa había hecho tanto por la difusión de esa secta que un romano emperador, Teodosio, vio y entendió su potencial y la adoptó y adaptó como religión oficial del Imperio.

Corría el siglo IV y la iglesia cristiana pasó a ser una pata importante del poder y sus jefes empezaron a vivir con mando y pompas y boatos, buenos cachos de carne viva y muerta. Así que ya no tenían el menor interés en que ese mundo tan grato desapareciera, y tuvieron que cambiar poco a poco la promesa. Fue una operación de riesgo: el peligro de que muchos fieles los abandonaran cuando les confesaran que este mundo cruel no explotaría. Lo hicieron, se aprovecharon de la credulidad establecida: san Agustín de Hipona transformó la Ciudad de Dios en una abstracción, la geografía celeste, y terminó de redondear ese pasaje. Y millones de seguidores se resignaron a que el gran momento no les llegaría en vida: la vida después de la muerte dejó de ser un logro social, colectivo –todos llegando juntos tras el cataclismo– para pasar a ser uno individual: cada cual enfrentando, tras su fin, el juicio que lo mandaría al infierno, el purgatorio, el paraíso, a cualquiera cosa menos a la nada.

La privatización de la vida eterna es uno de los grandes momentos desdeñados de la economía social de nuestra historia.

El estado romano desapareció poco después, pero el cristianismo consiguió trasplantarse a cada uno de los estados y estaditos y fincas varias que aparecieron cuando su derrumbe. Durante más de diez siglos fue la religión absolutamente dominante, única, del lejano oeste del continente asiático, eso que ya entonces se llamaba Europa. En ese milenio y esas tierras su dominio fue absoluto: por un lado participaban de todos los poderes, por otro adoctrinaban y controlaban a todos los que no tenían ninguno, y por otro, en fin, habían podido establecer que su papel también consistía en mantener a miles de hombres y mujeres –su fuerza de reserva– encerrados en grandes paradores –monasterios, conventos– para que rezaran por todos los demás, que, por eso, debían mantenerlos con el producto de su esfuerzo. Plusvalía en todo su esplendor: cada quien debía entregar un 10% o un 20% de lo que producía a esos seres eminentemente improductivos que dedicaban sus vidas a rogar a su dios que mantuviera el mundo en marcha. Junto a ellos, un ejército aún mayor de agentes locales hacía funcionar la enorme red de instalaciones desde las cuales difundían su doctrina y mantenían el control civil del territorio: las iglesias, capillas, catedrales, más numerosas que los pueblos en aquellos tiempos. En una época de órdenes confusos, reinos y feudos que variaban mucho, las reglas de esa religión eran lo permanente, lo que creaba una ilusión de unidad y de continuidad, la forma de ese mundo.

Esa iglesia cristiana tenía, por lo menos, tres niveles principales de poder. El primero consistía en su derecho a definir lo que todas las personas debían hacer en todas las áreas de su vida: qué comer, qué decir, qué leer, qué besar, qué aprender, qué aguantar, qué pelear, qué creer, qué pensar si les daba por pensar.

El segundo, más modesto, suponía que si cualquiera no cumplía con esas consignas su dios se lo haría pagar con creces: cualquier infracción era un desafío que recibiría su merecido de algún modo en algún mundo. Y el tercero, para los tontos o los valientes, era el castigo directo en este –la hoguera, el cadalso, el destierro– que obtenían los que se oponían abiertamente a esas reglas.

Pero probablemente ninguno de esos poderes se equipare con el principal: durante sus siglos de gloria, para la gran mayoría de las personas, el mundo era eso que los sacerdotes les contaban. Los dioses y los santos y sus andanzas y sus decisiones estaban tan presentes en el escenario en que vivían como ese árbol o esa vaca marrón. Ni Jesús en la cruz ni Abraham con el cuchillo ni María preñada virgen de paloma eran relatos; eran, sin ninguna duda, la esencia de su universo, donde nada de lo que hicieran escapaba a la mirada del Todopoderoso.

(Esas personas vivían en un mundo tan distinto del nuestro que se me hace difícil incluso imaginarlo. Aunque a veces me pregunto si el nuestro no está lleno de personas que viven como aquellas.)

La iglesia católica, es obvio, tuvo su gran momento en esos siglos de dispersión y encierro, pero no imaginaba que lo que vendría justo después sería aun mejor: a partir del siglo XVI se convirtió en la excusa y la punta de lanza de la expansión de esa región menor que devino, por circunstancias varias, el poder mundial. Fue uno de los grandes negocios de la historia: sus ejércitos ocupaban tierras y más tierras y sometían a millones de personas pero lo hacían por su bien, para que adoptaran la verdadera religión, para salvarlos.

Y, sin embargo, tanto dominio les trajo sus problemas: para sostenerlo tuvieron que ponerse todavía más intransigentes, más crueles. De ese amasijo llamado conquista data la expulsión de los «infieles» que moraban en ciertas zonas cristianas, el aumento de la persecución a quienes mostraran que no cumplían las reglas –y el apogeo de la Inquisición, torturas y hogueras en el nombre de Dios. De esa época data también la resistencia a cualquier avance técnico o científico que pudiese amenazar su hegemonía. En tiempos de tanto cambio, en que la Tierra se hacía redonda y el sol central y aparecía por todas partes lo impensable, la iglesia católica supuso que para mantener su lugar de poder debía volverse la enemiga furiosa de cualquier variación, cualquier «progreso». Fue entonces cuando cristalizó su papel: dar a todo un sello de invariabilidad. Si su dios era eterno, todo lo que él había creado también debía serlo, hacia delante y hacia atrás. El tiempo ideal de esa religión era un tiempo muerto.

Pero mientras esa iglesia, corrupta hasta las tetas, cuestionada por muchos de sus miembros, temía por su hegemonía, guerreros españoles y portugueses, sobre todo –pero también franceses, ingleses u holandeses–, se apoderaron de casi todo el mundo con esa cruz por estandarte y el cristianismo arrasó, en nombre de la verdadera fe y el único dios, a cientos o miles de religiones para volverse la más seguida, la más numerosa –eso que sigue siendo ahora. El viaje de aquel grupo de dos o tres docenas de fulanos que caminaban por el desierto tras uno de tantos profetas palestinos hasta la construcción de la religión más populosa es otro de esos milagros que, a veces, dan ganas de creer en algún dios para no tener que buscar razones razonables, siempre azarosas, siempre discutibles.

Desde entonces Europa, América, grandes zonas de África y menores de Asia se volvieron territorio cristiano. Y la cristiandad siempre supo ocupar sus territorios. En todos ellos, hasta hace poco, sus textos y sus jefes seguían definiendo cómo era la vida de cada persona y eran su único registro: las casaban y las enterraban y las mandaban a la guerra y consagraban a los reyes y operaban las escasas escuelas.

Su gran red de control territorial seguía funcionando: las iglesias y sus curas, sus agentes, sabían todo de todos porque todos tenían que contárselo –so pena de fuegos infernales. Me imagino a Stalin o a Mussolini envidiando la astucia de ese aparato que no necesitaba buscar información de sus individuos: que había inventado el sistema en que cada uno de ellos debía ofrecerla motu proprio –a cambio de una palmadita en la espalda llamada absolución.

Era un régimen del terror: sus súbditos –sus fieles– debían cumplir con todas las normas que les transmitían los sacerdotes si no querían convertirse en antorchas eternas. Millones de hombres y mujeres, durante muchos siglos, vivieron ese desgarramiento de no hacer lo que querían por miedo a los castigos de su dios o hacer lo que querían y esperar esos castigos con un miedo horrible.

Todo tenía sus reglas y vivir –cada minuto de esas vidas– era cumplirlas o quebrarlas. Es un modelo que apenas entrevemos: tener que comparar todo el tiempo lo que uno quiere con lo que uno debe, y renunciar a los caprichos si no queremos jugarnos cositas como la vida eterna, y vivir preguntándose por qué uno es tan imperfecto que todo el tiempo quiere lo que no debe hacer o ser. Verse como un error constante, uno que debería ser otro: debía ser insoportable –y la única opción, supongo, sería cerrar los ojos, hacerse el pelotudo y sentirse un fracaso. Aunque, al mismo tiempo, imagino que debía ser glorioso sentir que uno cumplía con todas las reglas: ser el mejor alumno o el mejor vasallo.

Y, por supuesto, es difícil para un ignaro imaginar hasta qué punto el duelo y la muerte estaban en el centro de todo. Cada fiel llevaba sobre su cuerpo la miniatura de un instrumento de tortura y, en muchos casos, el cuerpo atroz del torturado. Ir a misa cada domingo significaba agradecerle a un señor, el hijo del Señor, que hubiera buscado la muerte más humillante, cruel y dolorosa para salvarnos. Cada misa era una celebración de ese sacrificio en un espacio construido alrededor del sacrificio: cada iglesia era un gran relicario –relicario– que contenía algún resto mortal –una reliquia– de alguno de esos señores que su religión llamaba santos, más hombres y mujeres cuyo mérito era haberse hecho matar para salvar a sus congéneres. Para aquellos cristianos sus cuerpos eran, cuando daban placer, el lugar del pecado; los salvaba, si acaso, ser el lugar del sufrimiento.

La muerte estaba de tantas formas en el centro de esas vidas, y supongo que era lógico porque era su misterio el que justificaba todo el aparato. (Aunque hay, quizás, en esta idea un error básico: durante siglos la enorme mayoría de las personas no se hizo cristiana porque esa religión las atrajera de tal o cual manera; eran

cristianos por *default*, nacían cristianos porque
todos alrededor lo eran, vivían cristianos porque no serlo era casi no ser o, por lo menos, no
vivir. Eran cristianos porque el mundo era cristiano, su mundo era cristiano y no había más
tutía.)

Aquellos sacerdotes hablaban en latín para mantener el misterio que les daba poder, los obispos
interpelaban y castigaban a cualquiera que se
atreviese a pensar diferente –y así frenaron en
muchas ocasiones, muchos campos, los avances de la ciencia y la técnica. Pero, sobre todo,
consiguieron que millones y millones no supieran pensar de ninguna otra forma. Y cumplían,
sobre todo, una misión pedagógica. Uno de sus
axiomas principales era el famoso «Credo quia
absurdum» –lo creo porque es absurdo–, que
equivale a decir lo creo porque, aunque me parezca extraño, el señor sacerdote –el «padre»–
me dice que es así, o sea: no debo pensar por
mí mismo sino aceptar lo que me dice mi superior. Si no lo hago es que he fallado: mi fe no
es suficiente. Es lo que llaman *dogma*: «una
verdad en la que se cree sin cuestionamiento y
sin discusión porque viene directamente de
Dios». No sé si ha habido, a lo largo de la historia, muchas maneras más sofisticadas de so-
meter a millones al poder de la palabra de unos
pocos. Todos ellos se sentían –se sabían– parte
de un mundo que su dios había creado y seguía

manejando, todos ellos se sentían sus súbditos, ninguna rebelión era posible porque no sirve rebelarse contra la realidad. Era como si ahora alguien tratara de sublevarse o sublevar contra la salida del sol por las mañanas.

Esa hegemonía casi absoluta es lo que la Revolución francesa, primero, y todos los movimientos populares del siglo XIX, después, empezaron a amenazar –y, a principios del XX, esa amenaza resultaba tan sólida y cuantiosa que muchos militantes e intelectuales supusieron, queda dicho, la caída de los dioses.

Fue, otra vez, el error de cálculo más clásico: ese que hace que un grupo relativamente pequeño suponga que todos funcionan y piensan como ellos. A veces, ese error consigue transformar la realidad y adaptarla a su idea; la mayoría, el error resulta tal y la equivocación se paga cara.

Y el mundo, todavía, es un gran coto de caza de ese dios y sus alegres empleados. Con sus matices, por supuesto: los cristianos son mayoría en todas las regiones del planeta excepto en África –donde son el 45% de la población– y Asia –el 10%. Y, sin embargo, 2018 fue el primer año en el que los cristianos africanos fueron más que los latinoamericanos. El cristianismo, rico como siempre, se refugia cada vez más entre los pobres.

VI.

Si creo porque lo veo,
estoy diciendo que yo
me basto como si no
fuera solamente un reo
entregado al resplandor
de Su saber superior.
Si creo porque lo veo,
estoy diciendo que yo
puedo decidir que no
es cierto lo que no veo.
Si así fuera, mi Señor
no sería mi señor
y entonces yo no sería
sino la melancolía
de haber perdido Su amor.
Por eso digo que creo
tanto más, con toda mi alma,
con mi furia y con mi calma,
todo eso que jamás veo.
Lo que les parece absurdo
a esos espíritus burdos
es mi única verdad.
Ojalá la realidad,
pueda llegar a tocarlos
a abrazarlos, a llenarlos
de la verdadera Fe
esa que sabemos que
no necesita visiones:
le alcanza con las pasiones
de quienes creemos sin ver.

7. El otro cristianismo

La historia del islam es semejante: también una región con muchas religiones fragmentadas enfrentadas, también un «profeta» improbable y combatido que consigue convencer a unos pocos de que hay un solo dios y que deben seguirlo. Mahoma era igual de modesto que Jesús: solo quería que los suyos reconocieran al verdadero dios. Que, sin embargo, no era su padre sino solo su jefe: usándolo como amanuense o secretario, le dictó su libro sagrado, que llamaron Corán. La historia es más verosímil y más triste. Sus creyentes dicen que Mahoma era analfabeto y que eso demuestra que recibió el Corán directamente de su dios, porque él, ignaro como era, jamás podría haberlo escrito. La ignorancia y la fe suelen ir de la mano.

Mahoma no proponía ninguna deidad nueva; quería seguir la misma que sus predecesores judíos y cristianos, solo que mejor. En sus palabras el islam no era un invento sino una corrección. Su expansión, sin embargo, fue distinta de la cristiana: allí donde los seguidores de Jesús aprovecharon un poder previamente instalado, el Imperio romano, los de Mahoma tuvieron que conquistar para su fe nuevos espacios, otros reinos que se reunieron en ella. El cristianismo se filtró en estados que ya existían; las grandes monarquías islámicas, en cambio, fueron creadas por los herederos de Mahoma. Y su expansión fue brutalmente rápida: entre el año 632, cuando el profeta murió en Medina, y el 711, cuando los bereberes de Tarik ocuparon Iberia, los guerreros de la nueva religión se apoderaron de buena parte del mundo mediterráneo. Fue, probablemente, la conquista más veloz y exitosa de la historia. ¿Cómo entenderla sin la ayuda de un dios?

La exaltación de Alá tiene que ver con una serie de triunfos militares: no es igual un dios que gana y gana que uno que se deja torturar. Grandes ejércitos en movimiento, ciudades y estados que surgían de las arenas. Los conquistadores se llamaban a sí mismos musulmanes, que significaba «sometidos» –a su dios. Así que instalaron sociedades fuertemente religiosas, aunque no impulsaban la conversión de sus conquistados: un infiel pagaba muchos más impuestos que un creyente, y no era cuestión de dejar de recaudar; los toleraban y les cobraban por ello. Pero pronto España, todo el norte de África, Siria, Palestina, Turquía, Arabia, Persia y el centro de Asia se unificaron bajo una sola religión de estado. Que imponía, entre otras cosas, ciertos límites morales: no permitía que sus hombres bebieran, que sus mujeres mostraran, que nadie maldijera, y exigía de sus fieles más rezos y rituales que sus primas mayores. Cinco al día, donde quiera que el devoto estuviese, en un gesto que renovaba a cada rato su sumisión, su musulmanidad.

La historia es larga: su resultado fue que hacia el año 1000, ese mundo quedó dividido en dos partes –una cristiana, una mahometana– que se parecían demasiado como para no chocar con frecuencia. Ahora, sin embargo, los retoños de las dos religiones cuentan una historia mucho más fundamentalista que la real: en esos días, a menudo un rey mahometano se aliaba con un conde católico si les convenía para derrotar a un señor musulmán o a un rey cristiano. Pero, en general, consiguieron que aquel periodo quedara registrado como la lucha entre dos religiones. Lo justificarían aquellas convulsiones y enfrentamientos que los cristianos llamaron cruzadas, los combates por tierras y por mares, la conquista católica de España, y la presión que solo cedió cuando los reinos cristianos se lanzaron a ocupar el Lejano Occidente –y dejaron de ocuparse del Cercano Oriente.

Ahora el islam tiene casi tantos seguidores como el cristianismo, la mayoría en África y Asia, y es la religión que crece más: en 1970 eran unos 600 millones; en 2020 se habían triplicado. Los cristianos, en cambio, eran 1.200 millones en 1970 y, en esas cinco décadas, «solo» se duplicaron, como la población mundial.

La diferencia se debe a la mayor fecundidad de ciertos países musulmanes pero también a que el islam volvió a ser, a fines del siglo xx, un grito de guerra: la identidad de millones que se sentían relegados, desdeñados por los grandes países cristianos de Occidente –a los que migraban o que los explotaban o que, incluso, los invadían. Ser musulmán es, ahora, una forma de resistencia que, en ciertos casos, toma las armas y pelea. Hace décadas que no hay guerreros ni ejércitos definidos como cristianos; son solo nacionales o multinacionales. En cambio es común el reclutamiento de guerreros y la formación de armadas musulmanas para pelear contra el poder de «los infieles».

(Se suele identificar al islam con la cultura árabe. De allí viene, pero es poderoso en África o en la India y, por población, el mayor país musulmán es Indonesia, miles de islas en el océano Índico, ni un maldito camello.)

El islam, a diferencia del cristianismo, sigue funcionando como una identidad fuerte. El cristianismo fue el poder global durante demasiado tiempo; el islam suele estar en manos de reyes y caudillos poderosos pero supo mantener el lugar de la víctima. Ser musulmán es, ahora, una pertenencia mucho más potente –para la mayoría– que ser cristiano. El cristianismo es una tradición, una muralla, un instrumento de preservación institucional, una resistencia conservadora basada en una moral que ya no es –y que sus propias prácticas desmienten. El islam, en cambio, es aún más conservador en sus reglas y principios pero sabe plantear la recuperación y preservación de sus ideas reaccionarias como una identidad en lucha contra la opresión occidental, una forma de reconocimiento y unidad frente a un mundo que imaginan enemigo.

Esto justifica, para sus fieles, su carácter belicoso, su defensa acérrima de sus costumbres contra las costumbres que, supuestamente, quieren imponerles los infieles –incluidas ciertas modulaciones de la «democracia» y los «derechos humanos». Gracias a eso, entre otras razones, consiguen mantener entre sus miembros todo el fardo de normas y formas: desde la obligación de tapar a las mujeres hasta el uso de la sharía, un viejo conjunto de leyes que incluye la lapidación para las adúlteras y la mutilación para los ladrones. Es como si países católicos aplicaran el ojo por ojo o la esclavitud por deudas –que aparecen en sus libros sagrados.

La sharía rige las vidas de más de mil millones de personas en Arabia Saudita, Indonesia, Nigeria, Sudán, Pakistán, Malasia, Irak, Irán, Siria, Qatar –y siguen más banderas. Pero el conflicto que nos resulta más visible surge particularmente en Alemania, Francia, Inglaterra, donde millones de musulmanes –africanos, turcos, sirios– migraron en las últimas décadas. Allí, por un lado, muchos ciudadanos condenan algunas de sus costumbres: sobre todo, una vez más, su trato a sus mujeres como seres inferiores con menos derechos que sus hombres. Todo lo cual se sintetiza, por ejemplo, en las discusiones sobre el uso del velo, que algunos países permiten y otros no, so pretexto de que establece una discriminación indefendible. Sus defensores argumentan que cada cultura tiene sus costumbres y que debemos respetarlas; sus detractores, que las libertades básicas no aceptan relativismos culturales. Pero un dios tampoco puede aceptar relativismos de los que no creen en él: lo disminuyen, lo desdiosan.

Estos conflictos son aprovechados por los nuevos movimientos europeos de extrema derecha que intentan afirmarse en esos países donde sus predecesores fueron más fuertes y produjeron más desastres. Allí estos nacionalistas patrioteros se levantan contra el «grand remplacement», el desarrollo étnico y cultural por el cual la población de esos países ya no será «puramente» blanca y cristiana. Es cierto que en la Europa rica la proporción de inmigrantes e hijos de inmigrantes puede alcanzar a un tercio de la población. No todos son musulmanes: se calcula que no llegan al 10% de los europeos. Pero, más allá de cuestiones religiosas, la llegada de estas culturas nuevas está produciendo un cambio sociológico fuerte que algunos desesperados intentan detener, so pretexto de purezas y otros dioses menores, y que ciertos líderes intentan aprovechar para dirigir la frustración de descontentos y descolgados hacia esa causa supuesta –perfectamente falsa– de sus fracasos.

(Hay pocas cosas más antiguas y frecuentes en la historia de la humanidad que estas mezclas étnicas y culturales. Todos somos resultado de una larga sucesión de mezclas que, en cada caso, fueron rechazadas por algunos emergentes de los resultados anteriores como si fueran una afrenta a vaya a saber qué. Es cierto que estas grandes corrientes migratorias tienen una utilidad cultural curiosa: crean, retrospectivamente, la tradición ya casi perdida del lugar donde se instalan. Por ejemplo: los descendientes de todos esos italianos, españoles, croatas, polacos y demás europeos que fueron llegando a Francia en la primera mitad del siglo XX, y que entonces fueron rechazados como inmigrantes que eran, ahora son verdaderos franceses de piel blanca, pastís en copa y marsellesa en boca que pueden extrañar a Charles de Gaulle y cantar a Charles Boyer y hablar pestes de esos moros de mierda que vienen a joder nuestro país, la France.)

Más allá de esas histerias supremacistas, se podría pensar que la forma en que las dos grandes religiones mono tratan a sus mujeres es otra muestra de sus tiempos distintos: el cristianismo, más viejo, ya solo impone a sus sacerdotas lo que el islam, unos siglos más joven, todavía trata de imponer a todas. Y, más en general, muchos países musulmanes mantienen leyes y costumbres que otros fueron desechando.

El islam, queda feo decirlo, parece que actuara realmente con esos seis siglos de retraso que tiene con respecto al cristianismo. Hace 600 años el cristianismo era así: combatiente, asesino, lleno de desprecio por sus mujeres y sus diversos diversos, henchido de intolerancias varias: el tiempo y el desarrollo de sus sociedades lo fueron bajando del banquito –o, en este caso, del púlpito tallado retorcido. En cambio el islam se mantiene allí, y es la única religión contemporánea que consiguió convertirse en símbolo político –como lo fue la cruz antaño o, por espasmos locales, en días más recientes: España, Portugal, Polonia, Irlanda, Hungría.

Pero, más allá de esos eructos, los países cristianos hicieron, en los dos últimos siglos, revoluciones que los llevaron, en su mayoría, a adoptar formas «democráticas» de gobierno, con un énfasis en varias libertades que el cristianismo no ofrecía: gobiernos contra los límites religiosos, que se apropiaron del registro civil, la educación y la salud. Mientras tanto muchos países musulmanes mantienen monarquías realmente monárquicas u otros regímenes autoritarios, que imponen las leyes más retrógradas de su religión. Se podría especular mucho sobre las razones de esta coincidencia entre islam y autoritarismo; solo tendríamos una sarta de hipótesis y los hechos que estas hipótesis no necesariamente explican.

Lo que está claro es que ahora mismo las dos grandes religiones suelen tener funciones muy distintas: una es sedante, la otra inflamatoria. El islam tiene la sensación de que debe luchar contra el poder cristiano: lo ha hecho y, de esa manera, cumplió un papel importante en las guerras anticoloniales del siglo pasado. Pero ahora, donde manda, produce algunos de los regímenes más represivos y retrógrados del mundo. El cristianismo, tras siglos de alineación con los regímenes más reaccionarios, ahora intenta apartarse de los asuntos estatales y políticos y funcionar como un viejito bueno que da consejos a los jóvenes levemente alocados. A menudo le cuesta ser creíble.

VII.

Ella quiere seguir
siendo lo que es: una mujer
islámica, hija de burkinesa
y marroquí, nacida en ese barrio
de París que era casi París y que debe
ser Francia, sin las dudas. Ella
nació allí y allí hizo su escuela,
sus tropelías, sus primeros
amores, sus segundos, su lengua,
sus formas de saberse y de
quererse y de buscarse, todo
lo hizo allí y allí
seguirá haciéndolo. Su madre
le dice que si quiere
ser ella debe usar ese chal; su padre,
que si no usa ese chal es una puta y ella
quiere ser ella y ella y ella, todas
sus formas de ella, las distintas
maneras de ella sin perder ninguna. Pero
no sabe qué hacer con ese chal. Ponérselo
es tal cosa; sacárselo
es tal otra. Se le ocurre
llevar una mitad y dibujado
en ese medio chal un blanco; se le ocurre
pero la aterra. Esa
tampoco sería ella ni ninguna; a veces
se pregunta si lo suyo es ser ninguna y entonces,
sí,
los odia.

8. *Quo bono?*

Los dioses han sobrevivido una vez más, y nos llenan el aire. Las dos religiones más poderosas dicen que son monoteas o monógamas –que aman a un solo dios– pero los cristianos adoran a diez o veinte mil santos –el censo, curiosamente, es muy impreciso–, a quienes sus fieles piden esas intervenciones inverosímiles llamadas «milagros». El milagro es la ruptura de la lógica aparente, la confirmación de que la verdadera lógica es otra, el *credo quia absurdum* hecho hecho: algo que no podría suceder sucede porque alguien ha creído y las fuerzas invisibles decidieron recompensar su fe. El milagro es el supuesto iceberg del catolicismo, la punta de hielo que debería convencerte de que bajo las aguas hay tanto tanto más –hielo.

Y los musulmanes, por su lado, también llenan el aire de diablillos milagrosos: son los miles de walis –los «amigos de Alá»–, presentes en la mayoría de sus fracciones. Y los hindúes no pueden ni contar sus innumerables dioses, diosas, diosecitos, divinidades varias. Así que vivimos en un ecosistema que nueve de cada diez personas imaginan rebosantes de espíritus, un auténtico atasco de energías, un éter muy viciado: debe darles miedito.

Los dioses han sobrevivido. En la Tercera Década del siglo XXI no hay nada más estable –más antiguo– que las grandes religiones: de las cuatro mayores, la más nueva ya tiene mil cuatrocientos años. Ninguna otra ideología, ningún otra estructura de poder, ningún otro sistema de costumbres ha durado tanto. Ni las formas de gobierno ni las economías ni las tecnologías ni las imágenes del mundo ni las familias ni las relaciones entre sexos ni las formas de vivir que funcionaban en el año 1000 siguen funcionando, pero las grandes religiones son las mismas, basadas en las mismas ideas, los mismos mecanismos. Por lo cual, muy naturalmente, se van quedando desfasadas y son, al mismo tiempo, la fuerza de conservación más poderosa de estos tiempos. Ninguna estructura de poder se opone con tanta firmeza, con tanta legitimidad, a la gran mayoría de los cambios.

Esa sigue siendo su función central. Las religiones –cualquier religión– están condenadas por su esencia a ser conservadoras: si, como dicen, las reglas que las guían vienen de sus dioses, no pueden ser cambiadas por los hombres –a los que solo queda la tarea, más policial que filosófica o teológica, de asegurar que se cumplan. Es la palabra del Señor, y lo que vos digás me chupa bien un huevo.

Solo una sociedad donde la religión no tenga mucho peso –llamémoslo peso, no poder– puede evolucionar realmente en sus usos y costumbres y sancionar esa evolución con nuevas normas, reglas transformadas. Es la historia actual del Occidente cristiano: vidas que van cambiando porque sus iglesias ya no son capaces de impedirlo.

Ese ha sido el desafío más duro que tuvo que enfrentar la iglesia católica en las últimas décadas: mantener su poder en sociedades cuyas reglas y costumbres se alejan cada vez más de los preceptos que había conseguido imponer durante siglos. Sus jefes están en una encrucijada: no saben si adaptarse a esas nuevas formas –y perder su núcleo de doctrina– o seguir rechazándolas –y perder millones de ovejitas. Este es ahora el trabajo del primer papa ineuropeo: el Espíritu Santo –un ente con tareas difusas que aparece sobre todo cada diez o veinte años, cuando se necesita un jefe nuevo– lo nombró para tantear las posibilidades de una y otra vía. Sabía que, para ese juego, nada mejor que un peronista.

Es cierto que, cada tanto, algún jefe religioso menos necio intenta adaptarse en algún punto al aire de los tiempos. Dado que, como hemos escrito, ya todo está escrito, su única opción

es reinterpretar, decir ups nos habíamos equi-
vocado y durante dos mil años no lo entendi-
mos bien pero ahora por suerte ya nos dimos
cuenta. Por pudor o por convicción lo intentan
poco. Si acaso, a veces hablan de cambios para
garantizar que nada cambie: al fin y al cabo el
propósito central de la iglesia católica –más
allá de mantener su poder– consiste en conser-
var ciertas pautas morales.

Así, sus cruzadas de estos años luchan por la
familia tradicional contra todas las libertades
que esas familias y la sexualidad en general están logrando: contra el divorcio, contra los ma-
trimonios del mismo sexo, contra el aborto,
contra la indefinición genérica.

(Y el raro chiste de que la organización que
se plantea como la gran defensora actual de la
familia sea una que se origina, según su propio
relato, en una familia tan disfuncional qué la
madre parió virgen a un chico que no había en-
gendrado con su marido cornudo sino con un
soplo. Y que, a su vez, sus seguidores eligieron
como libro sagrado uno que empieza contando
la historia de otra familia donde la esposa trai-
ciona a su marido y condena a ambos a la mor-
talidad mientras sus dos hijos se pelean tanto
que uno termina asesinando al otro. Y que todas
sus autoridades y funcionarios tienen prohibido
formar familias, como si supieran algo que no
quieren decirnos. Ese es el bloque que defiende

la familia: ¿será la pura culpa de no haber podido armar ninguna? ¿O un caso extremo de haz lo que yo digo pero no lo que yo hago?)

Otro ejemplo de sus luchas contra la civilización es su repudio total de la eutanasia, que empieza a ser legal en algunos países. Las iglesias cristianas siempre condenaron cualquier forma de suicidio, por un principio obvio de autopreservación: si insistían en que la vida que venía después de la muerte era mejor que esta debían evitar que multitudes crédulas y esperanzadas se lanzaran a esa otra vida lo antes posible –y los dejaran clamando en el desierto. Así, la eutanasia contraría las órdenes de un dios que es el único que puede «dar y tomar» la vida de sus súbditos.

Para imponer sus reglas usan la amenaza de sus millones –de seguidores, de dineros– y, sobre todo, el temor de muchos gobiernos que imaginan que enemistarse con la iglesia católica, su sostén tradicional, es un riesgo mucho mayor que lo que es: cuando alguno lo hace, el desafío no suele tener grandes consecuencias –pero muchos lo evitan por si acaso. Su poder temporal está decreciendo: lo rebajan la evidencia de sus tejes y manejes financieros y la tendencia de sus sacerdotes a explotar sexualmente a niños y niñas y otros animalitos de jardín. Esa imagen de trampas y sevicias es un lastre severo.

Que se suma, sabemos, a la exclusión de las mujeres de sus jerarquías. Sus monjas siguen teniendo el mismo lugar institucional que mil años atrás, parecido, quizás, al que tenía cualquier mujer en esos tiempos: inferior. Las sacerdotisas católicas pueden ordenarse y residir en monasterios y trabajar de enfermeras o acompañantes o maestras, pero no decir misa ni dar los sacramentos ni avanzar en la jerarquía religiosa: su papel es rotundamente secundario, reflejo de un orden social que se termina.

En Occidente, sobre todo, el cristianismo que lo había formado y conformado retrocede sin parar. Esa pérdida de poder de la iglesia de Roma se nota más que nada en Europa, su origen, la pequeña región de dónde, queda dicho, salió hace cinco siglos como un cultito que reunía si acaso a 50 o 60 millones de personas. Pero en el siglo XXI naciones como Italia, Francia, España, Irlanda, que habían sido su base, son cada vez menos religiosas. En España, por ejemplo, un censo muy reciente dice que solo una de cada cinco personas practica la religión, mayormente católica; el resto se reparte entre agnósticos, ateos, indiferentes, católicos no practicantes y un 2,6% que ejerce otra religión.

Según estos mismos estudios uno de cada diez españoles va a misa todos los domingos: nueve de cada diez no cumplen con el rito básico de su supuesta religión mayoritaria. Muchos dicen que no van a la iglesia casi nunca, si acaso para una boda o un bautizo. Así que no van mucho: en 1996 hubo 194.000 bodas, de las que 149.000 fueron católicas, el 77%; en 2021 hubo 148.500 bodas y solo 25.000 se celebraron en iglesias, el 17%. La institución boda católica está empezando a ser una excentricidad arcaica, un rito tipo ouija o la fiesta del pueblo con toros y disfraces o un rey lleno de amantes.

(Aunque el exrey Juan Carlos sea, todavía, un reflejo del poder católico, un señor tan basado en la cruz y la corona que no puede renunciar públicamente a sus reglas y decirle a su señora, por ejemplo, que no la quiere más y se separa y se va a buscar otra –u otras. Lo correcto es callarse y engañar: es lo que hicieron, durante siglos y siglos, los caballeros cristianos; es lo que hacen, gracias a Dios, cada vez menos.)

Sus sacerdotes se desesperan: «Ven a misa, no esperes a que te traigan», les decía en Facebook a sus supuestos feligreses el cura de una parroquia de Sevilla, y les mostraba un ataúd. Otros recuperan el viejo truco de la invasión infiel, el gran reemplazo: hace unos días un cura en su homilía se quejaba de que en una pequeña ciudad andaluza de 15.000 habitantes el 40% de la población era musulmana y por eso, decía, los domingos en misa no había más de 40 personas. La cuenta es fácil: aun si fuera cierto el porcentaje musulmán, todos ellos serían 6.000, y quedarían otras 9.000 personas de raigambre cristiana. Si solo 40 de esas 9.000 –una de cada 225– deciden ir a escuchar misa, el problema no es la supuesta invasión mahometana.

El cristianismo se reseca en sus fuentes; desaparece, sobre todo, de las clases medias. Los que no tienen estudios universitarios tienen el doble de posibilidades de ir a misa que los que sí los tienen: la relación entre pobreza y religiosidad está demostrada en muy distintos estudios y conteos.

Los curas españoles, en cambio, sí tienen sus estudios, pero se ven cada vez menos: en 1975 había 24.600 en un país de 35 millones; en 2022 hay 15.700 en un país de 48 millones de personas. Cada vez más iglesias cierran porque no tienen quién las atienda: unas 7.000 carecen de párroco. Y más todavía desaparecen los monjes y monjas: había unos 41.000 a principios de siglo y ahora andan por los 12.000 –y el 80% son señoras y casi todas son viejitas. Se diría que un dios atento se ocuparía de que sus pensiones no se queden vacías; este debe estar distraído –y es verdad que se le suponen problemas peores. Mientras tanto, los patriotos del nacional-catolicismo resurrecto, empeñados en defender nuestras fronteras de las hordas metecas, no se quejan lo suficiente pero deberían: pocas profesiones han sido tan copadas por inmigrantes sudacas como su sacerdocio. Parece que los españoles prefieren trabajar en el turismo. Y lo que pasa en España está pasando, con sus pequeñas diferencias y matices, en el resto de «la Europa católica».

Lo cual no significa que hayan perdido del todo su lugar de privilegio. El cristianismo todavía controla una parte importante de la educación en varios países europeos, recibe de esos estados cantidad de dinero y ventajas y todavía ritma el tiempo: seguimos librando los domingos, celebrando Semana Santa, Navidad y Reyes; en España, sin ir más lejos, cuatro de los ocho feriados nacionales todavía son fiestas católicas. Y España sigue siendo, sin duda, el país que más ha hecho por el cristianismo mundial. Si sus huestes fanáticas medio desesperadas no hubieran ungido al yugo católico a los latinoamericanos, hace siglos que la iglesia de Roma sería una secta del montón.

Sin embargo, hay algo en que los cristianos españoles fracasaron: los ñamericanos no usan tanto como ellos a su Señor para manifestar sus cabreos o sus resentimientos. Los iberos son tan consistentes que se cagan en dios mucho más que en sus tazas; los ñamericanos –más prudentes o más descreídos– suelen buscar otras maneras de evacuar, más de acuerdo con aquel viejo dicho que recomienda no cagar más alto que tu culo.

(No voy a simular que la religión –y sobre todo la católica– es un interés nuevo para mí. Solo que no conseguía tomármela con la ecuanimidad que ahora he conseguido. Hubo momentos no muy lejanos en que lo único que podía escribir sobre ella eran libelos como este:

«La iglesia católica es una monarquía absoluta, con un rey elegido por la asamblea de los nobles feudales que se reparten los territorios del reino, para que reine sin discusiones hasta que muera o desespere, con ese poder agregado de que todo lo que diga como rey es infalible y que si está en ese trono es porque su dios, a través de un "espíritu santo", lo puso. La iglesia católica es una organización riquísima que siempre estuvo aliada con los poderes más discrecionales –más parecidos al suyo–, que lleva siglos y siglos justificando matanzas, dictaduras, guerras, retrocesos culturales y técnicos; que torturó y mató a quienes pensaban diferente, que llegó a quemar a quien decía que la Tierra giraba alrededor del Sol –porque ellos sí sabían la verdad.

Una organización que hace todo lo posible por imponer sus reglas a cuantos más mejor y, así, sigue matando cuando, por ejemplo, presiona para que estados, organismos internacionales y oenegés no distribuyan preservativos en los países más afectados por el sida en África –con lo cual el sida se sigue contagiando y matando a cientos de miles de pobres cada año.

Una organización que no permite a sus mujeres trabajos iguales a los de sus hombres, y las obliga a un papel secundario que en cualquier otro ámbito de nuestras sociedades indignaría a todo el mundo.

Una organización de la que se ha hablado, en los últimos años, más que nada por la cantidad de pedófilos intensos e intonsos que se emboscan en sus filas y, sobre todo, por la voluntad y eficacia de sus autoridades para protegerlos. Y, en esa misma línea delictiva, por su habilidad para emprender maniobras financieras muy dudosas, muy ligadas con diversas mafias.

Una organización que perfeccionó el asistencialismo –el arte de dar a los pobres justo lo suficiente para que sigan siendo pobres– hasta cumbres excelsas bajo el nombre, mucho más honesto, de caridad cristiana.

Una organización que se basa en un conjunto de supersticiones perfectamente indemostrables, inverosímiles –"prendas de fe"–, solo buenas para convencer a sus fieles de que no deben creer en lo que creen lógico o sensato sino en lo que les cuentan, que deben resignar su entendimiento en beneficio de su obediencia a jefes y doctrinas: lo creo porque no lo entiendo, lo creo porque es absurdo, lo creo porque los que saben me dicen que es así.

Una organización que, por eso, siempre funcionó como un gran campo de entrenamiento para preparar a miles de millones a que crean cosas imposibles, a que hagan cosas que no querrían hacer o no hagan cosas que sí porque sus superiores les dicen que lo hagan: una escuela de sumisión y renuncia al pensamiento propio –que los gobiernos agradecen y utilizan.

Una organización –y parecemos olvidarlo– que se basa en un conjunto de supersticiones. Que una superstición sea compartida por millones, por cientos de millones, no cambia su esencia. Que haya millones de personas que nos agarremos el huevo izquierdo para alejar la mala suerte no quiere decir 1) que la mala suerte exista, 2) que presionar el huevo izquierdo pueda conjurarla. Que haya millones de personas que creen que una señora virgen parió un hijo de Dios que se lo había pergeñado con un soplo divino no quiere decir 1) que los soplos divinos preñen mujeres por conductos extraños, 2) que las mujeres puedan embarazarse sin perder su himen, 3) que las mujeres puedan parir sin perder su himen, 4) que haya dioses, 5) que tengan hijos, y así de seguido. Son ejemplos.

Y la idea de que ciertas supersticiones son más ciertas porque muchos las creen es una paradoja: un democratismo perfectamente incompatible con la base de la idea religiosa, que consiste en dejar de lado cualquier justificación, en creer por convicción, por fe, más allá o más acá de cualquier estadística.»

Como ven, hubo tiempos en que estuve enrabietado. Ahora, en cambio, pienso más o menos lo mismo.)

VIII.

hablar y hablar y hablar y después
hablar con el silencio. Sabía
que sabía hablar pero ignoraba
para qué hasta ese día:
soñó, se despertó alelado,
volvió a soñar
despierto
y se veía hablando a multitudes
con palabras que ya no eran las suyas: era
un instrumento, por fin un instrumento
que su dios tocaría. Ya tenía
una visión una misión una obsesión
y podía prometer lo que quisiera. No
era él quien cumpliría sus promesas, no, él era
por fin un instrumento: el privilegio
de que te pulsen y tañan y entonces sí los cientos,
y miles, las caras y las manos,
que se convierten en tu música.
La ilusión, el ensueño
de ser un instrumento y que los miles
se te vuelvan tu música.

9. Pobres creyentes

No es fácil ser Dios, el responsable de este mundo. Más de una vez he dicho que si yo creyera que existe lo defendería negándolo por todos los medios posibles –¿este panfleto? Es bastante lógico: un creyente fiel debería ocultar la existencia de un dios que creó esta realidad erizada de dolores e injusticias. Para zafar, los cristianos tardíos inventaron el libre albedrío: la idea de que lo que sucede en la Tierra es culpa de los terrícolas, que su dios solo arma los marcos generales pero no controla cada movimiento.

Es un argumento como tantos, una respuesta poco convincente a la pregunta obvia: ¿por qué un ser todopoderoso, infinitamente bueno, creó y conduce un mundo tan repleto de sufrimiento y de maldad? La respuesta nunca termina de estar clara y ha tenido sus tropiezos memorables: el famoso terremoto de Lisboa, por ejemplo –que el Día de Todos los Santos de 1755 mató a decenas de miles de fieles que rezaban en iglesias que se derrumbaron sobre ellos. El Vaticano no se atrevió a justificar tanta muerte con el argumento de que eran portugueses y aquel holocausto creó una reacción intelectual de tanta fuerza que el catolicismo tardó décadas en recuperarse.

Los dioses sirven para justificar lo injustificable, pero hay veces en que lo injustificable lo es demasiado.

Sin embargo, ahora, los que más creen en un dios son los que más podrían reclamarle: aquellos que no han recibido, en el reparto de sus dones, sino porciones muy menores. El cristianismo sobrevive gracias a dos sectores muy claros, muy diferenciados: los más relegados, por un lado, y, por otro, los nuevos movimientos reaccionarios que reclaman su herencia.

El catolicismo sirvió como base de los regímenes más conservadores del siglo XX. El islam sigue siéndolo con los regímenes más conservadores del siglo XXI. Y se diría que, últimamente, una panda de extremoderechistas ha visto el papel que tenía la religión en el islam y decidió intentarlo en Occidente.

(Desde el «Dios está de mi lado» de Trump hasta «el combate de las Fuerzas del Cielo» de Milei, pasando por las diversas cruces que acompañan a Bolsonaro, Orban o Meloni, el cristianismo ocupa, junto con la famosa patria, el espacio emotivo que estos movimientos no siempre consiguen producir.)

Pero esos son usos políticos con bastantes aspiraciones de fracaso. Y, salvo Estados Unidos, los países más ricos son cada vez menos religiosos. China, la próxima gran potencia, es el país menos creyente del mundo: solo el 3% de sus 1.400 millones dice que le da importancia a la religión. En cambio lo que no se detiene es la expansión de las iglesias en las antiguas colonias europeas de África y Latinoamérica, en cumplimiento de esa tendencia que puede leerse de muchas maneras: la religión es, cada vez más, un asunto de pobres.

¿Será que quieren opio? Si Marx dijo que la religión era el opio de los pueblos y los pueblos pobres se han convertido en el último refugio de su religión, ¿será que los pobres realmente quieren opio? ¿Qué no confían en las drogas supuestamente curativas? ¿O que, mejor, los ensayos clínicos han fallado miserablemente?

Resulta un círculo curioso: así empezaron los cristianos, en sus primeros siglos en el Imperio romano, hace casi dos mil años, cuando unirse a ellos era buscar un espacio de esperanza para los que no tenían ninguna otra. Pero poco después, cuando un emperador astuto lo eligió como religión del estado, el catolicismo se transformó en una gran herramienta de control que reyes, amos y demás patrones utilizaron para justificar y mantener sus poderes. La forma más visible que tenían los pobres de mostrar que obedecían al Dios del cielo era obedecer a sus representantes –jefes y sacerdotes– de aquí abajo. El mecanismo fue muy claro durante siglos, pero nunca tanto como en la conquista católica de América. Allí, sin ninguna duda, con la violencia que su fe justificaba, la religión de los vencedores se apropió de los vencidos y los hizo otros: les cambió las vidas. Ser católico fue, durante siglos en Ñamérica, obedecer. Y recibir al mismo tiempo esa cuota de esperanza sintetizada a la perfección por el mejor slogan populista de la historia: «Bienaventurados sean los pobres porque de ellos es el Reino de los Cielos». Si el populismo consiste, como insisten, en ofrecer soluciones simples –e improbables e incomprobables– a problemas complejos, ¿qué mejor ejemplo que este, que soluciona de un plumazo toda la dureza de la vida porque te hará vivir mejor en otra que nunca nadie vio?

Y que, por supuesto, se vuelve una cuestión de fe.

El dogma, una vez más.

Con el tiempo –ya en el siglo XX–, las clases medio altas, medio educadas de los países excoloniales empezaron a ser, por razones políticas o morales, más críticos con la religión que les habían traído. Y esa religión quedó cada vez más focalizada en los dos extremos: las viejas familias ricas conservadoras que la mantenían como parte importante de su identidad y su poder; los más pobres que la mantenían como parte importante de sus esperanzas. Mientras tanto, en Europa, sobre todo en España y Portugal, el catolicismo recuperó sus viejos usos: Francisco Franco y Oliveira de Salazar lo utilizaron como el sostén fundamental de sus regímenes conservadores autoritarios. El nacionalcatolicismo era más jaula que promesa: no la elección de quienes quisieran esperar sino la obligación de quienes querían sobrevivir.

Aún así, la promesa a futuro seguía presente: el Reino de los Cielos. A cambio, la obediencia en el presente. Pero el problema de la promesa es que, inmaterial como es, hipotética como resulta, siempre puede aparecer una mejor.

Imagino que la persistencia de la religión tiene que ver con un mundo donde miles de millones sufren lo suficiente como para necesitar la ayuda de algún poder superior. No piensan –en general no piensan– que ese dios o dioses que adoran son los responsables de este mundo lleno de maldad y de dolor, y mantienen esa curiosa idea de un cosmos donde alguno de esos innumerables seres sobrenaturales que las religiones ofrecen atenderá el pedido de cada quien si les ruega con el fervor y la humildad y el sufrimiento suficientes. Como decía años atrás el autor de un tratado largo y tedioso sobre el hambre: «No encontré, en todos estos viajes, hambrientos ateos. Los más desgraciados necesitan creer que sus penurias son el designio de algún ser superior. Y por eso, también, esperan que sea ese ser el que las solucione: es la mejor receta para que esa solución no llegue nunca».

La iglesia de Roma es solo una parte del gran cardumen cristiano. Entre las subsectas más cercanas están los ortodoxos rusos, griegos, siriacos, chipriotas, etíopes, egipcios, jerosolimitanos, constantinopolitanos y demás. Y está la otra gran familia, que se llama a sí misma «protestante» y comprende, entre otros, a luteranos, presbiterianos, pentecostales, neopentecostales, bautistas, anabaptistas, anglicanos, metodistas, cuáqueros y así hasta unas 300 marcas diferentes. McDonald's, dicen, no es una de ellas.

Aquellos protestantes tradujeron los libros del dogma para que todos pudieran leerlos e interpretarlos –dentro de un orden–, y dejaron de juntar santos, de venerar sus calaveras y estampitas, de confesarse y comulgar, de comprar y vender y demandar bulas y absoluciones; era una iglesia más razonable, que solo exigía que sus fieles creyeran que hay un dios que rige sus vidas y siguieran sin mengua las reglas pertinentes para que ese dios les concediera cierto éxito –y que se portaran un poco mejor porque no podían rogarle o comprarle su perdón a un cura.

Se ha escrito mucho sobre su importancia en la formación del capitalismo: es cierto que, causal o casual, el protestantismo se hizo fuerte en los países que fabricaron esas nuevas formas económicas. El catolicismo, en cambio, se refugió en los grandes reinos coloniales y, dios mediante, masacres al apoyo, América Latina fue enteramente suya. Por eso los protestantes eran, hacia 1970, uno o dos de cada cien ñamericanos: una pelusa. Pero eran mayoría en Estados Unidos, y fue entonces cuando sus pastores decidieron que si su país tenía tanto poder en el resto del continente era raro que su religión no lo tuviese –y decidieron intentarlo. Su vanguardia fueron los «evangélicos»: esos que, contra la tradición de la iglesia católica apostólica, no querían basarse en los intermediarios –sus «apóstoles»– sino en los textos fundadores –los «evangelios».

Fue un trabajo de penetración digno de encomio: ahora uno de cada cinco ñamericanos se proclama evangélico. En casi toda Centroamérica la mitad de la población, que hace medio siglo era solo católica, se dice evangélica. La iglesia de Roma resiste mejor en Argentina, Colombia, Ecuador, Venezuela o México, donde no perdió más del 20%; los perdidos son, de todos modos, decenas de millones de personas. Y Brasil tuvo una influencia decisiva en esa pérdida. Las cifras muestran que, en general, los pobres se hacen evangélicos y los jóvenes agnósticos. La iglesia católica se mantiene entre los campesinos –pero hay cada vez menos.

Más de la mitad de los que ahora se definen evangélicos fueron criados católicos –y bautizados como tales. En una encuesta reciente del Pew Center la gran mayoría dijo que se había cambiado de iglesia porque «buscaba una conexión más personal con Dios», «querían un mayor énfasis en la moralidad» o «una iglesia que ayude más a sus miembros».

Es una de las razones principales: millones consideraban a la vieja iglesia de Roma como una institución demasiado anquilosada, demasiado ajena, demasiado fría, demasiado cercana a los poderes que les jodían la vida. La iglesia católica no solo se identifica con todos los golpes y todos los enjuagues, los abusos de siglos, los abusos de niños; además, sigue siendo una parte muy rimbombante del poder, sus obispos viven en palacios y se tocan con borlas doradas y ofician los ritos oficiales, forman parte de esa clase exhibicionista que muchos aborrecen.

«La iglesia es la única monarquía absoluta que ha conseguido subsistir. Ha copiado las estructuras de las instituciones comunes, humanas, y ha recurrido a todos los métodos para convertirse en una institución tan fuerte que ha podido perdurar a través del tiempo, no solo por la presencia del espíritu de Cristo sino a veces en contra de ese espíritu. Y es una institución que ha cometido unos errores tremendos, las cruzadas, la Inquisición, el apoyo a dictaduras y tantas otras cosas que no le han sido cobradas del todo todavía…».

Me dijo hace unos años José Guillermo Mariani, un señor argentino de ochenta –entonces– que ya llevaba más de cincuenta como cura católico de una parroquia suburbana.

Mientras tanto, los pastores evangélicos –que no dependían de una autoridad central sino que actuaban por su cuenta– se acercaban más y más a esos barrios marginales, a esos pobres que los católicos no sabían contener. Les ofrecían una experiencia religiosa personal, intensa, mística, mágica, tan lejos de la solemnidad sin pasión de las misas de siempre. Es cierto que, ya hace algunas décadas, sectores de la iglesia católica trataron de acercarse a esos mismos pobres con aquello que se llamó la «Teología de la Liberación». Pero la oferta evangelista parece mucho mejor adaptada al aire de estos tiempos: no consiste en ayudarlos a buscar ese cambio colectivo que los redimirá sino en ofrecerles la asistencia divina para encontrar una solución individual.

Y la promesa que les ofrecen no debería concretarse en un mundo imaginario sino en este mundo tan tristemente real. Para los evangelistas la pobreza no es un don que te hará mejor en algún reino futuro sino un mal que hay que combatir aquí y ahora. Por eso su religión ya no asegura a los pobres la buenaventura de ascender al elevado reino sino la mejoraventura de acomodarse en este barro bajo y basto. Y por eso su religión no solo ofrece a sus fieles la salvación del alma sino mejoras muy concretas: conseguir un trabajo, curar al papá, casar a la hija, vender más salchipapas. Esos son los milagros, radicalmente terrenales, brutalmente inmediatos, que el dios de los evangelistas reparte a los suyos. Es lo que algún estudioso llamó una «Teología de la prosperidad», y se parece mucho al «éxito».

Si sus milagros son terrestres e inmediatos, sus preocupaciones también lo son: se dice que los evangelistas intervienen en política mucho más que la vieja iglesia católica. Quizá sea el efecto novedad: la vieja lleva tantos siglos interviniendo en política, estamos tan acostumbrados a verla intervenir, que ya no lo notamos. En cambio las injerencias de los nuevos son, en general, visibles, impúdicas. Muchos católicos, tras siglos de tanto decidir, se lo reprochan. Es más fácil, claro, influir cuando el señor cardenal puede llamar al señor presidente y pedirle que lo vaya a ver, o se lo encuentra por azar en el solemne Te Deum con el que se agradece a su dios el Nacimiento de la Patria. Los que no tienen esas ventajas a veces deciden armar grandes mítines o presentarse para diputados.

En cualquier caso, es probable que los fieles evangelistas sean más fieles a las directivas políticas de sus sacerdotes que los fieles católicos. Es probable que tengan más fresca la idea de pertenencia a una causa común, el espíritu de secta: tenemos que tirar todos juntos porque compartimos algo fuerte. Una cosa es haberse afiliado hace poco, uno mismo, a un partido, un clan, una congregación; otra es haber pertenecido desde siempre, sin haberlo decidido, por esas cosas de la vida. Los católicos vienen de siglos en que serlo era el mínimo común denominador: casi todos lo eran y, a partir de ahí, se empezaban a establecer las diferencias. Ser católico, en general, no alcanza para votar juntos. Ser evangélico, con frecuencia, sí, y eso convierte a sus jefes en un socio electoral apetecido, bien pagado.

(Ser evangélico, además, esa elección personal y consciente, ofrece la posibilidad de sentirse parte de una comunidad que vaya más allá de la familia o el barrio. No hay tantas: las patrias, los equipos de fútbol, la religión común.)

Pero al fin y al cabo son cristianos: unos y otros son cristianos. Los evangélicos tienen, queda dicho, más seguidores entre los más pobres y la clase media baja. Sus pastores ofrecen a su rebaño el apoyo de un dios para sus aspiraciones inmediatas y le piden, a cambio, que apoye ciertas normas que ese dios debe mantener para seguir siéndolo: para que el mundo no caiga presa del demonio y que Él, por lo tanto, pueda satisfacer las ambiciones de sus fieles. El negocio es redondo –lo que ahora llaman una *win-win situation*– y permite que los jefes evangélicos se hayan unido con fuerza a los jefes católicos en su defensa de ciertos principios: la oposición al matrimonio homosexual, la oposición a cualquier cambio de género, la oposición al aborto legal, la oposición al uso de anticonceptivos, la oposición a la educación sexual, la oposición –incluso– a los divorcios; la oposición, en general, a todo lo que no sea la familia clásica tradicional cristiana compuesta por un padre y una madre que solo cogen –sin grandes aspavientos– para reproducirse y unos niños rubitos aunque sean morenos. La oposición, en general, a casi cualquier cambio que mejore la igualdad de las mujeres.

En este punto las dos grandes iglesias coinciden, aunque actúen con fuerzas diferentes y, a veces, los cristianos consigan un milagro: que los católicos no parezcan tan carcas, no tan reaccionarios. Pero ambas iglesias han tomado estas cruzadas como su cometido principal. ¿Para qué sirven ahora las iglesias de Jesús? Para intentar que ciertos países no permitan el aborto legal o el matrimonio homosexual. Como si, tras tantos siglos y tantas ambiciones, se hubieran resignado a convertirse en una policía del hogar.

Es curioso pero coherente: la iglesia cristiana es una organización radicalmente reaccionaria, el último refugio de la discriminación abierta a gran escala. Pero debo reconocer –y me cuesta– que tanto los católicos como los evangélicos suelen tener principios. En tiempos de democracia encuestadora, en que la mayoría de los grupos políticos hacen lo que creen necesario –equis, menos equis, jota, verde oscuro, esponjosito– para tratar de adaptarse a lo que les dicen que algún público espera, hay pocos sectores que siguen fieles a sus ideas aun cuando no les convenga, y que pelean por ellas sin concesiones: que existen para defenderlas. La iglesia de Roma lo hace: sigue fiel a sus ideas arcaicas, reaccionarias, mortíferas. Y lo mismo suelen hacer los evangélicos, y ambos siguen fieles a esos principios que los hacen buscar las cercanías del poder: cualquier poder. El fin último de ambas iglesias es mantener su poder y su moral. Y, por ahora, lo van consiguiendo.

(Aunque ciertos principios religiosos matan. Cuando los Testigos de Jehová se niegan a hacerse transfusiones de sangre, enfermedades curables pueden acabar con ellos –pero al fin y al cabo es su elección. Cuando la iglesia de Roma, que está en contra de los anticonceptivos, presiona para que estados, organismos internacionales y oenegés no distribuyan preservativos en África, donde la epidemia de sida sigue matando a multitudes, su decisión de imponer sus ideas y su moral lleva a la muerte a todas esas personas a las que nadie consultó.)

Mientras tanto, Ñamérica mantiene una «guerra de religiones» soterrada, disputada en voz baja con uñas y dientes y, por ahora –ya queda dicho–, los que avanzan son los evangelistas. Los católicos clásicos están preocupados: es su visión estrecha, parroquial, política. Podrían ser más amplios y reconocer que estos cristianos son una forma de renovación de la religión, de la fuerza de la religión en nuestras sociedades: cuando el negocio de dios ya parecía agotado por su sumisión al poder y su ritualidad arcaica y su conservadurismo social y su estructura jerárquica y sus muchos desmanes, llegaron estos grupos, más dinámicos y más efectistas, y le dieron una vida nueva, levántate y anda. La religión más clásica puede sentirse derrotada, pero la religión como idea ganó con ellos. Devolvieron a nuestras sociedades la presencia de lo religioso, lo mágico como solución a los problemas. Nos jodieron.

Quiera algún dios que se les acabe más o menos pronto.

IX.

Ser pobre no es ser pobre
de espíritu. Ser pobre es ser,
entre otras cosas, un bienaventurado,
porque nuestro es el reino
de los cielos. Ser pobre es ser,
ahora, un prometido y qué bien
que así sea, pero, Laura,
¿de verdad tenemos que ir a misa?
¿Y qué querés, Rubén,
que sigamos siendo siempre así?
No, mi cielo, no, ¿pero ir
a misa?
Bueno, querido, ¿a vos
se te ha ocurrido algo mejor?

10. La eternidad no es para siempre

El compañero Karl Marx escribió, hace justo 180 años, aquello de la religión y el opio e incluso los pueblos. En esos días, a diferencia de ahora, el opio se conseguía legal y fácil en cualquier comercio del ramo. En esos días, a semejanza de ahora, la religión se conseguía legal y fácil en cualquier comercio del ramo. En esos días, quizás igual que ahora, muchos creían que sabían lo que era el pueblo, y muchos no.

En todo caso, la frase parecía precisa y se esculpió. La idea, obviamente, era que la religión era un calmante que desviaba al pueblo de sus metas verdaderas –que, según el citado exjudío escribiría poco después, consistían en construir el socialismo. No estoy seguro de que la religión siga siendo tan útil. Por un lado, si hablamos de opios, el fútbol dopa mucho más, o las redes sociales. Por otro, las metas verdaderas –que el opio si acaso enmascara– se nos han vuelto verdaderamente confusas. Pero aún así, creo, el opio de la religión funciona al ofrecernos una forma completa y tranquilizadora de pensar el mundo, solo que el tema no parece estar en el debate. En aquella época los compañeros anarquistas del exjudío gritaban «Ni Dios ni amo», donde el papel de ambos era por lo menos equivalente. En esos días, la religión occidental era uno de los pilares decisivos de aquellas monarquías, junto con sus banqueros y sus fuerzas armadas. Ahora se diría que son sobre todo una fuerza de conservación más sutil, igualmente profunda: la que intenta que nuestras sociedades sigan viviendo como vivieron en los últimos siglos. La derrota segura, el intento constante –y meritorio.

(Están, se mantienen, influyen. Pero, en buena parte de la Tierra, ya no son la base de los poderes terrenales.)

De todos modos, hay que diferenciar el momento y el momentum de las dos grandes religiones monoteístas, Jesús y Mahoma. Se podría decir que una de las razones principales del crecimiento reciente del islam es que intenta mantener costumbres que otras sociedades desarrolladas han dejado atrás. Pero también podría decirse que ese mismo intento es una de las razones principales del declive de la iglesia católica: su inadaptación cada vez mayor a las sociedades donde siempre prosperó. Pero otra de sus debilidades, otro de sus enemigos principales es el saber.

Llamo saber a ese proceso por el cual primero los especialistas y después tantos otros fueron descubriendo que el relato cristiano era insostenible. El tiempo ofreció un gran ejemplo. La Biblia narraba que su dios había creado el mundo tal cual es en seis días hace no muchos años. En 1640 el obispo James Ussher, dublinés como Beckett y Joyce, calculó incluso, con esfuerzo y devoción, que lo había hecho el sábado 22 de octubre del año 4004 a.C. alrededor de las seis de la tarde –como no lo situó no sabemos si, allí donde estaba, a las seis de una tarde de octubre ya había anochecido. Es un problema menor; el decisivo fue que, desde principios del siglo xix, científicos de esas islas rugosas empezaron a descubrir que las rocas que formaban sus colinas y sus acantilados no tenían cuatro o cinco mil años sino muchos millones y encontraron en ellas restos de animales igualmente arcaicos y desaparecidos. A partir de entonces la antigüedad de la Tierra fue creciendo hasta llegar a más de 4.500 millones de años perfectamente documentados por minerales, capas geológicas, fósiles, todo tipo de huellas. El pasado suele ser arrollador.

Los cristianos se vieron enfrentados a una disyuntiva. Muchos eligieron simplemente no pensar en el asunto o, si se creen un poco más sofisticados, plantear que la Biblia –a.k.a. «la palabra divina»– es un escrito simbólico del cual eligen qué es real y qué no. Esos sectores intentan formas de religión más «razonables». Si bien reunir en una frase las palabras religión y razonable no lo parece, es cierto que las suyas suelen ser maneras menos mágicas, que aceptan que muchos de los fenómenos que la ignorancia había atribuido a su Señor son explicados por los avances científicos y la educación masiva.

Pero tantos otros prefieren atrincherarse en sus viejas convicciones imposibles: una encuesta de 2020 mostraba por ejemplo que en Estados Unidos, un país donde la enorme mayoría ha pasado más de una década en la escuela, cuatro de cada diez personas –unos 130 millones de individuos– creen que «el hombre fue creado por Dios hace menos de 10.000 años» –y que si algún líder les dice otra cosa es para engañarlos: también les dicen, con frecuencia, que la Tierra es redonda.

(Y otra investigación del Pew Research Center, que siempre son aterradoras, descubre que también cuatro de cada diez norteamericanos –¿los mismos?– creen que «estamos viviendo el final de los tiempos». La esperanza del apocalipsis tiene la piel dura.)

Así, pese a los avances de la técnica y la ciencia, sobreviven las religiones cristianas. Por un lado mantienen una muralla que las protege con eficacia: aquello de que criticarlas o mofarse de ellas es un ataque intolerable a sus millones de creyentes. Insisten en que hay que respetarlos —pero se basan en no respetar a nadie que no piense como ellos y en tratar de imponerles sus reglas de vida por todos los medios a su disposición.

Es sinuoso: los relatos religiosos todavía aseguran que quien no siga sus normas se quemará para siempre en las llamas de un infierno o el hielo de un abismo, pero la agresión brutal no es esa sino reírse de quienes lo creen porque eso ofende sus convicciones —mientras que los ateos no debemos sentirnos ofendidos por la promesa de la tortura eterna en su famoso parque temático de tormentos extremos. En esa gramática muy parda, reírse del otro es terrible, quemar al otro es una muestra de piedad.

Esa idea glorificada de la creencia las ayuda a subsistir. Y la noción concomitante de que hay que «respetar las creencias ajenas» como si no fueran materia de discusión posible, como si creer lo absurdo fuera lógico. Tenemos todo el derecho de discutirlas, por supuesto; a veces, incluso, diría la obligación.

Écrasez, écrasez, écrasez.

He vivido una vida sin dioses, como supongo que lo han hecho la mayoría de los que han leído estas páginas, pero sé que es una anomalía. O incluso, quizás, una falacia: no hablamos con dioses, no les rogamos dones o perdones —condones nos condenan—, no los obedecemos pero están por todos lados a nuestro alrededor, en las mentes de los millones que sí creen en ellos, en las reglas de las instituciones que usan esas creencias, en las cruces y medialunas que coronan algunas de nuestras mejores construcciones, en el idioma que me hace decir ay Dios de vez en cuando, en la necesidad de escribir estas palabras.

Así que no he vivido una vida sin dioses, pero sí una donde los dioses siempre fueron cosa de otros –o, por decirlo más directo, errores irritantes, subterfugios, inventos de cobardes, enemigos. Y, sin embargo, rebota la certeza de que ocho o nueve de cada diez personas en el mundo viven con sus dioses; de que no son sus vidas las que son raras sino la mía, la nuestra.

Son, insisto, la gran mayoría. Cuando me da un ataque de optimismo y pienso en el futuro venturoso de los hombres –y las mujeres–, a veces recuerdo que casi todos ellos creen esas historias para niños asustados y me desanimo. O quizá sea la envidia: tengo anulado el chip de la creencia, no me sale, nunca me salió. No lo entiendo no lo entiendo no lo entiendo y por eso, entre otras cosas, me interesaba tanto, aquella vez, ir a ver a un dios en acto –aunque fuera, como todos, más claro que la mayoría, un dios de pacotilla.

(Fui a la India, me pasé unos meses siguiendo a un señor, Sri Sathya Sai Baba, que no decía que era un sacerdote o un gurú sino un dios en sí mismo. Me excitaba la posibilidad de ver a un dios en sí y en vivo y en directo y me interesaba también mucho ver a sus fieles ante él. Fue más aburrido que chupar un clavo. Yo esperaba que su dios les daría ejemplos y lecciones y parábolas pero lo que les daba eran unos caramelos que llevaba en una bolsa atada a la cintura y les tiraba para que los atraparan como monos pobres. No había debate, no había trabajo, no había búsqueda; lo que había eran dos sesiones diarias de adoración con cantos, caramelos. Aquella vez escribí un libro que se llama *Dios mío*; años después, cierta comunidad internacional se escandalizó al enterarse de que Sai Baba solía toquetear a los muchachos que se le acercaban. Yo estaba muy sorprendido –y me pareció un signo de los tiempos– de que se condenaran tanto más ciertos intentos de abuso sexual que el gran abuso espiritual consistente en haber convencido a miles y miles de que ese gordo de rulos era un dios.)

Mi intento de acercarme al divino fracasó tristemente. Y nunca pude dejar de pensar que los dioses son la medida más clara, más precisa de la cobardía de la humanidad. Esa es quizá la base de todo, el blanco de todas mis envidias: esa seguridad de los creyentes de que tienen, en su inseguridad constitutiva, un aliado potente a quien recurrir, que no están nunca solos frente al mundo. Que son capaces de asumir su miedo, la bruta necesidad de que los cuiden, de no pensarse como autosuficientes.

Humildad, que se parece o no a la humillación.

Es raro pensar que tu vida es una anomalía. Y entonces me pregunto cómo sería si no lo fuera; no, no digo empezar a creer sino vivir en una sociedad sin dioses. Hay una primera constatación ineludible: mientras haya miserias y misterios va a haber bichos de esos. La humanidad los inventó para enfrentar lo que no entiende, y ya está plenamente acostumbrada a usarlos y es difícil que renuncie o se le ocurra algo mejor. O sea que la única forma, si acaso, de llegar a una sociedad sin dioses es despejar esos misterios, desarmar la miseria. Parece una tontería y parece al mismo tiempo irrealizable: no es ni lo uno ni lo otro.

Deberían, decíamos, desaparecer los misterios y los miedos principales, los que llevan a tantos a refugiarse en algún dios. Es, está claro, un proyecto a muy largo plazo: su ventaja es que la desaparición de los dioses sería, al fin y al cabo, el efecto secundario de tres conquistas mucho más significativas.

Los misterios van desapareciendo. El misterio más banal que los dioses conjuran es el mundo y sus cosas: por qué la Tierra da vueltas alrededor del Sol, por qué las hormigas horadan hormigueros, por qué hay viento y cenizas en el viento, por qué algunas personas tienen vidas tan distintas de otras, por qué explota el mercurio cuando se junta con el ácido nítrico, por qué las vacas hablan poco, por qué hay señores que engordan sin parar y otros que no, por qué el azul y el amarillo nos dan verde o boca, por qué las noches a veces duran más y a veces menos que los días, y así de seguido. Cuando se inventaron las religiones el mundo era un sinfín de misterios: los hombres no tenían ni la menor idea de por qué sucedía la mayoría de las cosas. Ahora sabemos mucho más, y más sabremos: las explicaciones mágicas son cada vez menos necesarias.

Y los miedos van desapareciendo. El miedo más común, más extendido que los dioses conjuran es el miedo a no comer, no ser capaz de alimentar a los tuyos, no tener un trabajo que te lo permita, ser expulsado de tu país o de tu casa, sufrir maltratos y discriminaciones, no tener a quien recurrir en caso de abuso o injusticia. Se puede suponer –yo quiero suponer– que alguna vez habrá sociedades donde todos esos miedos no tengan sentido porque esas amenazas ya no existan: sociedades donde todos tengan lo que necesitan y nadie tenga demasiado de más; donde no haya por lo tanto espacio para abusos. Puede suceder; yo creo que sucederá –porque, aunque a veces no nos lo parezca, hemos avanzado tanto en esa dirección que sería extraño que dejáramos de hacerlo.

(Aquí debería aclarar que esta idea no es una cuestión de fe, de pensamiento religioso. Se supone que es el resultado de estudios y de análisis –que, por supuesto, también pueden equivocarse.)

¿Y entonces mucha más gente dejaría de confiar en los dioses, dejaría de pedirle esas cosas que ya tendría por derecho propio? Es posible, pero queda todavía el miedo principal, el que realmente los creó: el terror de esa nada que llamamos muerte.

Lo curioso del caso es que, tras milenios en que la pelea principal contra la muerte consistía en crear más paraísos y más dioses, trabajar con el relato y el terror, ahora la soberbia de la técnica ha decidido intervenir. Ya se empieza a hablar, en ciertos círculos, de la muerte como un error que deberíamos solucionar. Lo cuento en mi novela *Sinfín* y esa parte es real: hay una cantidad de muchachos muy billonarios muy norteamericanos que se la están pasando tan bien que no quieren resignarse a que se les acabe, e invierten auténticas fortunas en descubrir cómo podrían derrotar a la muerte. Por el momento hay dos corrientes: los que llamo «cuerpistas», que se empeñan en cuidar y mejorar el cuerpo, llenarlo de energías, reemplazar sus partes desfallecientes, sus órganos gastados, mantenerlo vivo mucho tiempo. Pero los «digitales» les oponen que esas técnicas, con todo y sus avances increíbles, tienen un límite, porque no hay cuerpo que mil años dure. Y que en cambio si se transfiere el cerebro de una persona a una máquina, esa persona seguirá viva en ella sin límites visibles.

Suena estrambótico pero está empezando a suceder: quizás estemos, para nuestra desgracia, para nuestra vergüenza, entre las últimas generaciones que se mueran. Y entonces, si la muerte deja de ser esa amenaza, ¿se acabarán los dioses?

Sería tan curioso si la derrota de la muerte trajera consigo la verdadera muerte de los dioses.

Es una posibilidad. Una, por supuesto, cuya conclusión no veremos ni usted ni yo ni nuestros nietos –pero que me parece, al mismo tiempo, razonable y verosímil. Podríamos jugar a imaginar cómo sería una sociedad sin dioses. Sería, supongo, una donde el bien y el mal, lo moral y lo inmoral, lo correcto incorrecto, lo honesto deshonesto y todas esas chuminadas no vengan definidos de antemano por viejos textos y sacerdotes ávidos sino por formas de consenso social que se irían renovando con el tiempo: que no cargarían con el lastre de lo que ha sido dicho de una vez y para siempre por un dios, el peso de lo eterno.

Quizá para encontrar esos consensos las personas retomarían el mejor invento de las religiones: eso que los griegos llamaban *ecclesia* y que hace mucho no traducimos como «asamblea». Esas reuniones convocadas alrededor de una idea común serían realmente un encuentro de iguales que ya no debería someterse al poder del que sabe, el guía, el sacerdote. Así, en esos viejos recintos que quizá conservaran –o en recintos virtuales que no sabemos siquiera imaginar–, podrían discutir qué es lo mejor para el conjunto y criticarlo y renovarlo y aceptar que esas normas, en principio, no son reglas sino sugerencias, orientaciones que algunos seguirán más que otros, otros menos que algunos.

No todo sería rosa, por supuesto: el proceso de adaptación sería largo y, durante, millones, miles de millones, se sentirían perdidos sin esa guía incontestable que sus mayores siempre mantuvieron. Pero sospecho que, a lo largo de las generaciones, se irían adaptando y aprenderían a disfrutar su libertad. Seguramente disfrutarían todos, en menor o mayor medida, de lo que ahora llamaríamos «el orgullo del ateo», esa vanidad triste de los que hemos tenido que renunciar a muchas ilusiones para mantener nuestras convicciones. En esa sociedad sin dioses, sin embargo, el renunciamiento sería apenas perceptible: cada quien sería, naturalmente, dueño de sí mismo. Y, en cambio, esos hombres y mujeres recordarían aquellos tiempos en que había dioses con una pizca de sorna y extrañeza. Como cuando nosotros nos sorprendemos de un tiempo en que, por ejemplo, un ser humano podía ser dueño de otro, una mujer no podía ni pensar en votar o se podía fumar en el vagón del tren.

El tiempo sin dioses es, por supuesto, un tiempo distante. Pero hay signos. Hubo, por ejemplo, hace poco, un momento que alguna vez podría recuperarse para marcar un quiebre. Corría 2020; aquel 12 de marzo era jueves y los medios se ocupaban cada vez más de esa plaga escapada de China que estragaba, por entonces, el norte de Italia. Pero solo algunos reconocieron entonces la gran noticia: el cardenal Angelo De Donatis, vicario papal de Roma, autoridad pomposa, ordenaba el cierre de las 900 iglesias de su capital porque «el Señor nos pide que contribuyamos a la salud de todos. Por desgracia, ir a la iglesia no es distinto de ir a cualquier otra parte –dijo–. Hay riesgo de contagio».

Hasta ese día, durante muchos siglos, la reacción más inmediata de Roma –y el resto de Occidente– frente a plagas o catástrofes o guerras consistía en pedirle a su dios disculpas y clemencia. Esas desgracias eran castigos que ese dios les mandaba cuando se habían portado mal, y entonces los castigados salían en procesión, paseaban virgencitas y supliciados varios, se azotaban con ganas, se hincaban a rogarle que los perdonara. Aquel día de 2020 la razón religiosa se retiró, entregó su lugar más propio a la razón científica: las iglesias cerraron ante el peligro del contagio.

La ciencia no puede reemplazar directamente a la religión como garantía de la verdad, saber superior en que confiar. Hay una diferencia decisiva: allí donde la religión propone creer sin dudas ni comprobaciones, la ciencia propone descreer, dudar de todo lo que no se haya podido comprobar y, aún cuando se compruebe, no dejar de dudar. No es fácil, para una humanidad que se aferra a la religión como fuente de certezas, cambiarla por un método basado en la incertidumbre, la experimentación, la búsqueda constante.

Habría que explicar y entender las cosas; habría que definir las causas de todos esos efectos que ya no podrían tener causas mágicas. Sería, es cierto, un mundo engorroso, lleno de causas y efectos. ¿O, habiendo renunciado a imaginar que todos los efectos tenían una sola causa, renunciaríamos a la pretensión de detectar las causas de cada efecto? No lo creo.

(Para eso sirven las palabras. Entre tantas, nos instalaron una que debía ser definitiva: el *sindiós* como caos, un desorden extremo. Sería el momento de decir que un Sindiós es ese punto en que no hay quien dé las órdenes, no hay quien controle las verdades, no hay quien tenga el poder de decir qué está bien y qué mal –y que como, además, por propia definición y voluntad nunca nos habla, siempre son sus gerentes los que lo usan para decir lo que él supuestamente nos diría. Un rey que no se asume, un jefe que se esconde, una máscara vieja: todo eso dejaría de existir en el Sindiós.)

Quizás el rasgo más definitorio de una sociedad sin dioses es que sería, al fin y al cabo, un espacio enaltecido por la duda. Las religiones se inventaron para desecharlas: para ofrecer la falsa seguridad que da tener respuestas para todo, la ilusión de que las cosas son como son porque así deben ser y que no vale la pena hacerse más preguntas. O sea: la condición de cualquier poder más o menos absoluto. Sin esas respuestas preconcebidas y apoyadas en el saber incuestionable de un dios –de sus representantes comerciales–, todo puede ser revisado y criticado y reformulado una y otra vez. No hay certezas; hay opiniones que consiguen apoyos suficientes y, quizá, después los pierden. Por decirlo de otro modo, el método científico –la hipótesis, su puesta en duda, su demostración, su aceptación provisoria hasta que se descubran sus errores– sería el modelo del conocimiento general. Con esa forma, la posibilidad de cualquier tiranía quedaría tanto más lejana.

La duda sistemática –sostener la duda como actitud de vida– puede ser agotador, un desafío. Se necesitarán personas muy sólidas para poder vivir sin dioses. Ya las necesitamos antaño para vivir sin reyes, y aquí estamos. Serán, seguramente, personas con un orgullo extremo –y merecido. Que, una vez más, mirarán hacia atrás y dirán pobres, qué tontos eran, cómo debían sufrir esos abuelos que se buscaban dioses por todos los rincones: qué gente rara, ¿no?

Torrelodones, marzo de 2025

Índice